O jovem Maquiavel

O jovem Maquiavel
O aprendizado da política
Newton Bignotto

© Newton Bignotto, 2024
© Bazar do Tempo, 2024

Todos os direitos reservados e protegidos pela Lei nº 9610 de 12.2.1998. É proibida a reprodução total ou parcial sem a expressa anuência da editora.

Este livro foi revisado segundo o Acordo Ortográfico da Língua Portuguesa de 1990, em vigor no Brasil desde 2009.

EDITORA Ana Cecilia Impellizieri Martins
COORDENAÇÃO EDITORIAL Joice Nunes
ASSISTENTE EDITORIAL Bruna Ponte
COPIDESQUE Eliana Moura
REVISÃO Bruna Del Valle
CAPA E PROJETO GRÁFICO Thiago Lacaz
DIAGRAMAÇÃO Manoela Dourado
IMAGEM DE CAPA *Retrato de Nicolau Maquiavel*, Galgano Cipriani (1775-1857). Acervo BNF.

CIP-BRASIL. CATALOGAÇÃO NA PUBLICAÇÃO
SINDICATO NACIONAL DOS EDITORES DE LIVROS, RJ

B492j

    Bignotto, Newton (1957-)
    O jovem Maquiavel : o aprendizado da política / Newton Bignotto. - 1. ed. - Rio de Janeiro : Bazar do Tempo, 2024.
    188 p. ; 21 cm.

    ISBN 978-65-85984-15-7
    1. Machiavelli, Niccolò, 1469-1527. 2. Cientistas políticos - Biografia. I. Título.

24-93697
CDD: 320.092
CDU: 929:32

Meri Gleice Rodrigues de Souza - Bibliotecária - CRB-7/6439

BAZAR DO TEMPO
Produções e Empreendimentos Culturais Ltda.
Rua General Dionísio, 53, Humaitá
22271-050 Rio de Janeiro RJ
contato@bazardotempo.com.br
bazardotempo.com.br

Para Francisco

Agradecimentos

Os capítulos deste livro começaram a ser escritos em 2013 por ocasião das comemorações pelos quinhentos anos de aparecimento de *O Príncipe*[1] de Maquiavel. Naquele ano, os professores Helton Adverse e Gabriel Pancera organizaram um colóquio na Universidade Federal de Minas Gerais (UFMG) que ditaria os ritmos da pesquisa sobre o autor italiano nos anos seguintes. Desde então, a cada dois anos a UFMG tem sido o palco de debates e apresentações de trabalhos que estiveram na origem de muitas pesquisas que compõem este livro. Cada encontro dos últimos dez anos foi dedicado a uma obra de Maquiavel e aos temas e problemas que ajudam a compreendê-las de maneira aprofundada. Pesquisas sobre o humanismo italiano do Renascimento ou sobre a recepção das obras de nosso autor estiveram ao lado de estudos focados nas obras analisadas. Desses encontros participaram pesquisadores de todo o Brasil, mas também de outros países, constituindo uma rede de grande vigor e originalidade.

Fica aqui o agradecimento aos muitos participantes desses colóquios, especialmente a: Alberto Barros, António Bento, Fabrina Magalhães Pinto, Flávia Benevenuto, Gabriel Pancera,

---

[1] N. Maquiavel, *O príncipe*, 2010.

Helton Adverse, José Antônio Martins, José Luiz Ames, Luis Falcão, Luiz Carlos Bombassaro, Maria Cristina Theobaldo, Ricardo Silva, Sérgio Cardoso, Stefano Visentin e a todos os estudantes que com sua participação contribuíram para tornar os eventos ricos e vibrantes.

Os colóquios da UFMG não foram, no entanto, o único local de apresentação das investigações que estão na raiz deste livro. Ao longo dos anos, pude discutir os resultados de minhas investigações com colegas de várias universidades brasileiras e estrangeiras, em particular na École des Hautes Études en Sciences Sociales, Paris, França. Meus agradecimentos a: Alexandre Ragazzi, Antônio Carlos Santos, Bernardo Ferreira, Claudia Hilb, Diogo Pires Aurélio, Elivanda de Oliveira, Esteban Amador, Eunice Ostrensky, Fábio Passos, Gilles Bataillon, Maria de Souza, Maria Isabel Limongi, Marie Gaille, Odílio Aguiar, Rafael Salatini e tantos outros, incluindo alunos e professores das diversas instituições que visitei.

Desde minha graduação em filosofia na UFMG, Hugo Amaral tem sido meu mestre e orientador. A ele devo o começo de minhas leituras de filosofia política e a ajuda e orientação constantes há mais de quarenta anos. Sem suas observações precisas e seu saber enciclopédico sobre a história da filosofia política, certamente eu teria cometido muitos erros em minhas pesquisas.

Heloisa Starling acompanhou e apoiou a feitura deste livro desde o começo. A ela, meus sinceros agradecimentos.

Todas as pesquisas que alimentaram esta escrita só foram possíveis pelo apoio contínuo do Conselho Nacional de Desenvolvimento Científico e Tecnológico (CNPq), por meio de uma Bolsa de Produtividade em Pesquisa. Ficam registrados meus agradecimentos a esse órgão fundamental para o desenvolvimento da pesquisa acadêmica no Brasil.

Meus esforços não chegariam a lugar algum sem a estruturante presença, em minha vida, de minha esposa, Janete, e de Francisco, meu filho. A eles, sou grato pela paciência e pelo afeto, que dão sentido à minha existência.

Sumário

Introdução   12

1. **A linguagem política dos tempos de Maquiavel**   22

   O humanismo ensina os florentinos a falar sobre política   26
   A linguagem das instituições   36
   O que diziam os florentinos quando se reuniam   39

2. **Maquiavel descobre a política externa**   48

   A diplomacia no Renascimento   50
   Algumas semanas na vida do Secretário Florentino   52
   Maquiavel e a descoberta da França   60

3. **Maquiavel e a França**   72

   Retorno à França   73
   A primeira reflexão sobre o papel da guerra   77
   A tópica do amigo e do inimigo   80
   O último olhar sobre a França   88

4. **O aprendizado da força**   94

   A força como problema   99
   A política da força   104
   A força da política: o encontro com César Bórgia   108

5. Maquiavel e César Bórgia: o aprendizado da política 114

O encontro 118
A escrita do presente 119
Como falar aos florentinos 122
O silêncio dos que agem 129
Engano, violência e justificação da ação 133

6. Maquiavel e a guerra 138

A guerra no pensamento dos humanistas italianos 141
Florença ameaçada 152
Um exército de cidadãos: a Ordinanza 154
A viagem à Alemanha 159
Perto do fim 163

Conclusão 168

O fim 169
Ocaso de uma vida política 173

Referências bibliográficas 178
Sobre o autor 186

Introdução

Maquiavel nasceu em 3 de maio de 1469 e ainda era jovem quando alguns acontecimentos transformaram Florença. Seu pai, Bernardo Maquiavel, era filho de Niccolò di Buoninsegna e vivia uma vida modesta, embora fosse inscrito na poderosa guilda dos advogados. Como herdou propriedades e dívidas do pai e de um tio, ele não podia exercer sua profissão conforme as regras do ofício em Florença e era obrigado a viver dos escassos recursos que provinham de suas propriedades rurais. Isso não o impedia de frequentar as famílias mais importantes da cidade e os humanistas, que eram a elite cultural de então. A mãe de Maquiavel, Bartolomea, também vinha de uma antiga família florentina que no século XIV havia acumulado uma pequena fortuna e mantinha laços com Petrarca. Bartolomea era uma mulher culta, que tocava música, lia e escrevia, enquanto cuidava da casa e dos filhos. Maquiavel tinha duas irmãs – Primavera e Margherita – e um irmão – Totto –, com quem manteve laços de afeto durante toda a sua vida.[1]

Bernardo deixou escrito um *Livro de Registros*, no qual anotava suas contas e observações a respeito dos negócios, mas também aspectos da educação dos filhos. Essa prática era comum entre as famílias florentinas, o que contribuiu para que

---

[1] A. Lee, *Machiavelli. His Life and Times*, 2021, p. 10-11.

conhecêssemos melhor a vida dos habitantes da cidade renascentista. Com ele, aprendemos que Maquiavel começou a estudar aos sete anos e que aos doze aprendia os clássicos latinos, como era usual naquele tempo. Em sua casa havia livros de Aristóteles, Cícero, Ptolomeu, Boécio e outros autores clássicos, que serviriam de referência em suas diversas obras de maturidade. Esse período de aprendizagem foi definido por nosso autor como uma época feliz, a mais feliz de sua vida.

Sua juventude, sobre a qual pouco sabemos, foi também o período do encontro com a política. Quando estava prestes a completar nove anos, em 1478, estourou em Florença uma conspiração organizada pela família Pazzi, visando assassinar os irmãos Lourenço e Giuliano Médici no *Duomo*, principal igreja da cidade. Os Médici vinham dominando a cidade desde 1434, muitas vezes de forma indireta, mas com grande habilidade. Com o passar dos anos, as outras famílias da oligarquia – os *ottimati* – foram se dando conta de que o poder dos Médici só aumentava, deixando pouco espaço nos cargos políticos, mas também para os negócios em geral. Na década de 70 do século xv, o poder dos irmãos era grande, mas as finanças da família declinavam. Os Pazzi haviam tomado dos Médici a posição de banqueiros do Papa, mas não se davam por satisfeitos. Para eles, era preciso atacar diretamente o poder político de seus opositores. Daí nasceu a conspiração que abalou a cidade e transformou a política italiana das próximas décadas. Depois de uma longa preparação e muita hesitação, os conspiradores decidiram atacar os irmãos dentro de uma igreja, com a ajuda de dois padres. Giuliano foi morto, mas Lourenço sobreviveu, apesar dos graves ferimentos. Como resposta, ele promoveu um verdadeiro banho de sangue em Florença, garantindo o poder até sua morte.[2]

2   L. Martines, *Abril sangrento. Florença e o complô contra os Médici*, 2003.

Naturalmente, Maquiavel não podia compreender o que ocorrera, mas as agitações que se seguiram na cidade chegaram até sua casa. Seu pai, que não estava envolvido na conspiração, mas era conhecido por divergir de muitos atos dos Médici, temeu se ver tragado pelas circunstâncias. O dia a dia da família acabou sendo alterado pelos acontecimentos políticos e os impactos na já precária situação financeira de Bernardo. Por algum tempo, mesmo os negócios mais simples precisaram ser realizados com total discrição.[3]

Ainda criança, Maquiavel foi marcado pelo encontro com o mundo dos autores clássicos e pelo peso que a política tem na existência humana. O grande acontecimento da juventude de nosso autor, no entanto, foi a morte de Lourenço de Médici em 1492 e a chegada à cidade de Girolamo Savonarola (1452-1498), um monge de Ferrara, em 1490. Com a morte do grande patrono das artes e dos humanistas, Piero se tornou o líder da família Médici, mas não mostrou nem de longe a habilidade política de seus predecessores.[4] Brutal e orgulhoso, não soube conquistar os habitantes de Florença e nem lidar com a nova situação criada pela invasão da Itália pelo rei francês Carlos VIII, que pretendia retomar o reino de Nápoles e, para isso, tinha de atravessar o território florentino. Piero desesperou-se diante do perigo representado pela presença de um grande exército estrangeiro na Toscana. Cedeu terras, castelos e dinheiro para os franceses e caiu em desgraça aos olhos dos aterrorizados habitantes da cidade. Sob a direção de Francesco Valori, um antigo aliado dos Médici,[5] em 1494 a população tomou a praça da Signoria aos gritos de "Popolo e libertà" (povo e liberdade), sinal de que uma rebelião popular estava em andamento.

3 A. Lee, op. cit., p. 26-27.
4 Ibid., p. 41.
5 M. Jurdjevic, *Guardians of Republicanism*: The Valori Family in the Florentine Renaissance, 2008.

Piero e o irmão Giovanni fugiram da cidade. Nesse contexto, Savonarola entrou em cena depois de ter advertido os florentinos de que uma catástrofe se aproximava da cidade.

Savonarola foi formado pelos dominicanos para ser um pregador como tantos outros. Ele conservou, até o fim de sua vida, especial apego aos princípios tomistas que o haviam orientado em sua juventude, mas soube combinar uma fé profunda com uma doutrina política, que nada tinha a ver com o pensamento medieval. Foi dessa combinação que nasceu a extraordinária aventura que o lançou ao centro da vida florentina.[6] Ele já havia estado na cidade antes da fuga dos Médici, mas seu caráter austero, seu rosto anguloso e sua fala pouco clara não haviam chamado a atenção da população. Tudo mudou quando, no dia 10 de dezembro de 1494, ele anunciou do alto de sua cátedra: "Eu quero te anunciar uma boa nova, se tu fizeres aquilo que te direi e acreditares nisso como nos Evangelhos."[7] Em primeiro lugar, os habitantes de Florença deveriam buscar "o bem espiritual" e reformar suas consciências. Em segundo lugar, "cada um esteja disposto a buscar o bem comum e não seu bem particular."[8] Se isso ocorrer, afirmava Savonarola, "Eu anuncio essa boa nova para a cidade: que Florença será mais gloriosa, mais rica, mais potente do que jamais foi."[9] Nascia o profeta florentino, a voz que iria galvanizar ainda mais seu auditório ao se transformar na voz da cidade, e não mais aquela de um profeta apocalíptico de toda a Itália, como tantos outros de seu tempo.

A trajetória profética do monge de Ferrara teve seu auge quando ele desvelou aos seus auditores a proximidade do flagelo

---

6 L. Martines, *Savonarola. Moralità e Politica nella Firenze del quattrocento*, 2008, p. 19-28.
7 G. Savonarola, *Prediche sopra Aggeo*, 1965, p. 166.
8 Ibid., p. 166.
9 Ibid., p. 166.

que devia se abater sobre a Itália. Em seu *Compendium*, ele se recorda desse momento:

> Depois dessa [visão] eu anunciei, também sob inspiração de Deus, que um rei atravessaria os Alpes para invadir a Itália e que ele seria semelhante a Ciro... Eu acrescentei ainda que a Itália não deveria se fiar em suas muralhas e em suas fortalezas, porque seria vencida por ele sem dificuldade alguma. Enfim, eu predisse aos florentinos, aludindo sobretudo aos governantes de então, que eles tomariam resoluções que os levariam à ruína, pois adotariam o partido daquele que deveria ser derrubado e como bêbados eles não saberiam mais se conduzir.¹⁰

Savonarola deixava claro que tinha plena consciência das razões que haviam feito dele um profeta aceito por boa parte da população. Não bastava dizer que ele falava por inspiração. Era necessário estabelecer um nexo entre as pregações e os acontecimentos que atormentavam os cidadãos de Florença. Nessa mesma lógica, ele afirmava ter predito, embora não tenha revelado ao público, a data da morte do Papa Inocêncio VIII e a de Lourenço de Médici, assim como "a revolução de Florença, que deveria explodir quando o rei da França chegasse a Pisa."¹¹

Entre 1494 e 1498, Florença viveu sob o impacto da presença do monge. Embora nunca tenha assumido um cargo político e tenha permanecido no Convento de São Marcos, seus seguidores implantaram uma série de medidas que mexiam não apenas com as estruturas de poder da cidade, mas também com os costumes e as relações com outros centros políticos da Itália, com o do em particular. Sua pregação ganhou adeptos, mas também desagradou muita gente que não podia suportar sua visão estreita

10 Ibid., p. 79.
11 Idem.

dos costumes e a maneira como ele acreditava que a vida pública deveria ser conduzida. Sua aventura terminou no dia 23 de maio de 1498, quando, com dois outros monges, foi morto por enforcamento na praça da Signoria, sede do governo florentino. Depois de ter galvanizado a atenção de milhares de cidadãos com seus sermões vigorosos e cheios de imaginação e de ter provocado a ira da Igreja Romana, a qual não podia tolerar ver seus crimes denunciados à luz do dia, Savonarola morreu sob os olhos das autoridades civis e eclesiásticas, acompanhado pelo silêncio hostil dos que o odiavam e pelo medo de seus seguidores, que nos dias seguintes seriam perseguidos em toda a Toscana.[12]

Maquiavel não deixou nenhum relato direto desse dia especial, mas isso não deve nos enganar. Em algumas cartas a seus amigos, que estavam fora da cidade, ele fez referências ao que ocorria. Escrevendo para Ricciardo Becchi no dia 9 de março de 1498, ele relata, a pedido do amigo, os acontecimentos dos últimos dias. A Signoria (principal órgão de governo da cidade),[13] que havia sido escolhida recentemente e era hostil ao pregador, o havia confinado no Convento de São Marcos para tentar evitar que suas falas agitassem ainda mais a cidade. Maquiavel esteve presente nessas pregações e relatou o tom abusado e seguro do monge.[14] Pouco lhe interessaram as passagens bíblicas citadas, mas a estratégia de amedrontar os fiéis, alegando que um tirano se apossaria da cidade se ele fosse expulso, pareceu-lhe eficaz,

---

12 Sobre os últimos dias de Savonarola, ver L. Martines, *Savonarola. Moralità e Politica nella Firenze del quattrocento*, 2008, p. 256-272.

13 Signoria era um regime de governo em que uma única pessoa ou família exercia controle absoluto sobre uma cidade-Estado. Era comum em cidades italianas do Renascimento, como Florença e Milão, e frequentemente envolvia uma administração centralizada e autocrática. Maquiavel analisou a Signoria e sua dinâmica de poder, refletindo sobre como os senhores podiam adquirir e manter o poder, e como a política e a estratégia poderiam ser usadas para estabilizar e consolidar a autoridade. (N.E.)

14 N. Maquiavel, "Lettere", in *Opere*, 1999, p. 6.

ainda que diga a seu amigo que o frade ia colorindo com suas mentiras as falas inspiradas.[15]

Cinco dias depois dos trágicos acontecimentos, Maquiavel ingressou no governo florentino. Confirmada a escolha pelo Conselho dos Oitenta (organismo que tinha grande importância na vida pública da cidade) do jovem desconhecido e sem experiência, já em julho ele estava em atividade. Nos anos seguintes, dedicou-se de maneira intensa a fazer seu trabalho na Segunda Chancelaria, órgão importante do governo da cidade, contribuindo de forma decisiva para muitas das ações da república num período que marcou seu apogeu e sua derrota em 1512. Suas obras posteriores testemunham a importância desses anos de observação e aprendizado. Quando passou a escrever seus grandes livros, ele recuperou suas memórias e as transformou em conceitos e categorias. Seus leitores atuais se lembram com facilidade das referências que ele faz ao "profeta desarmado", mas poucos sabem quem foi de fato Savonarola e como seu fim trágico influenciou o futuro segundo-secretário da República Florentina. Imerso no dia a dia, ele pôde ver de perto como era o desenrolar das ações políticas, das mais comezinhas às mais complicadas.[16]

* * *

Anos mais tarde (1513), Maquiavel escreveu na dedicatória de *O Príncipe* algumas linhas que se tornaram conhecidas por sugerirem a chave não somente para a leitura do livro, mas de toda a sua obra. Desejoso de apresentar algo que pudesse interessar aos novos governantes de Florença, ele afirmou, depois que fora expulso de seu cargo na Segunda Chancelaria, com o retorno dos Médici em 1512, que "não encontrou nada em sua bagagem que lhe fosse mais

---

15 Ibid., p. 8.
16 R. Ridolfi, *Biografia de Nicolau Maquiavel*, 1999, p. 30-32.

caro e que ele estimasse mais do que o conhecimento das ações dos grandes homens, aprendido por meio de uma longa experiência das coisas modernas e uma leitura contínua das antigas."[17]

Com muita frequência, os estudiosos contemporâneos do pensamento de Maquiavel deram importância às suas leituras dos antigos, e com razão. Maquiavel, na esteira de seus contemporâneos e dos escritores italianos do século xv, frequentou a literatura greco-romana desde a infância e retirou dela os referenciais teóricos e históricos de que precisava para escrever suas obras.[18] Mas o fato de que tenha tido "experiência das coisas modernas" também foi fundamental para a formação de seu pensamento. Se quisermos, portanto, compreender como paulatinamente ele foi formulando seu pensamento sobre a política, temos de voltar nosso olhar para sua experiência das "coisas modernas". Nos anos em que serviu à sua cidade, entre 1498 e 1512, ele encontrou pessoalmente muitos dos personagens, de reis a comandantes de milícias privadas, que mais tarde serão analisados em seus escritos.

Para tentar compreender o papel formador dessas vivências, vamos nos servir de um extenso material de arquivo. Vamos falar das *Pratiche* (consultas públicas da república a seus cidadãos), dos documentos de suas missões junto a outros países e cidades, de suas cartas públicas e privadas, de seus primeiros escritos, de seus poemas e despachos burocráticos. Do estudo dessas fontes emerge em detalhes, por vezes saborosos, os caminhos que nosso autor percorreu ao longo dos anos de seu aprendizado da política. Nesse entretempo, Maquiavel continuou a frequentar os clássicos da antiguidade, mas teve sobretudo contato com a realidade complexa da vida em comum dos seres humanos. Em seus diversos escritos aparece essa dupla fonte, mas prevalece a urgência

---

17 Maquiavel, "Il Principe", in *Opere*, 1997, p. 117.
18 Para a relação com os autores antigos, ver a obra de referência de G. Sasso, *Machiavelli e gli antichi*, 1987.

da ação e a descoberta de seus imperativos práticos. Sem eles, talvez nosso escritor tivesse permanecido nas águas teóricas dos pensadores que lhe precederam e que ele soube admirar e criticar, produzindo mais tarde uma das maiores obras do pensamento político ocidental. Ao longo dos capítulos deste livro, vamos atravessar cidades, salões de personagens importantes, a corte de reis e os arredores de cidades em cerco. Da diplomacia à guerra, vários aspectos da vida políticas serão visitados, para que, ao final, tenhamos um panorama da verdadeira escola que foi o contato de Maquiavel com "as coisas modernas."

Para que essa exploração seja profícua, é preciso, no entanto, não cair na armadilha de pensar os escritos de juventude de nosso autor como uma preparação consciente dos caminhos teóricos que mais tarde ele percorreria. Maquiavel escrevia como faziam funcionários públicos florentinos há mais de cem anos. Sua função exigia se comunicar com os dirigentes da cidade, e ele mantinha, ao mesmo tempo, uma ativa correspondência com seus amigos e conhecidos que se interessavam pelo que ocorria no mundo. Como muitos de seus contemporâneos, ele escrevia poemas e textos burlescos, mas o que lhe interessava era a vida dos homens e mulheres de seu tempo e como os acontecimentos dos quais participava e sobre os quais refletia interferiam no cotidiano das pessoas, das cidades e dos reinos. Ainda que seja impossível deixar de lado o fato de que Maquiavel se transformou num dos maiores pensadores políticos de todos os tempos, vamos procurar compreender seus textos escritos no período em que esteve à frente da Segunda Chancelaria da República de Florença como os de um jovem que amava o que fazia e que, desde cedo, demonstrou uma capacidade incomum de refletir sobre o que experienciava.

Este, portanto, é um livro sobre o jovem Maquiavel, no período de sua vida durante o qual esteve diretamente envolvido com a política, atividade da qual ele nunca desejou se afastar.[19]

---

19 A. Tafuro, *La formazione di Niccolò Machiavelli*, 2004.

1. A linguagem política dos tempos de Maquiavel

Antes de seguir Maquiavel em seu périplo pelas cidades da Itália, e por toda a Europa, nos anos em que ocupou a Segunda Chancelaria da República Florentina e fez sua formação política, vale a pena investigar as bases linguísticas nas quais a cidade expressava seus problemas políticos e suas dúvidas sobre o futuro. Os escritos posteriores de nosso autor transformariam a língua da política de seu tempo. Antes disso, no entanto, Maquiavel estabeleceu uma ponte com a maneira como seus contemporâneos falavam e pensavam os acontecimentos. Antes de se tornar escritor em tempo integral, com a queda da República Florentina, em 1512, ele era um homem de ação – alguém que escrevia sobre os acontecimentos dos quais participava, ou que os considerava fundamentais para o destino de Florença. Ele queria se comunicar; para isso, era preciso que fosse compreendido, escutado e, se possível, seguido. Filho de uma família sem posses, não podia aspirar a cargos mais elevados na administração de sua cidade, mesmo que, desde o começo de sua carreira, muitos de seus amigos tenham reconhecido sua capacidade de análise e de previsão dos acontecimentos. Por isso, seus escritos políticos e cartas do período que vai de 1498 a 1512 são marcados pelo sentimento de urgência e pelo desejo de influenciar seus contemporâneos. Se não falasse a mesma língua política da cidade, esse teria sido um projeto sem importância.[1] Os textos do período mostram a formação de seu pensamento. A investigação da língua política florentina nos indica o leito sobre o qual suas ideias fluíram. Para compreender como se falava de política naqueles anos, vamos recorrer a duas fontes. Em primeiro lugar, aos textos dos humanistas, que ao longo do século XV se tornaram uma referência para pensar os problemas das cidades. A "língua" dos humanistas passou a ser falada não apenas pelos que se interessavam pelos *studia humanitatis*, constituído pelos estudos de gramática, retórica, poesia, história e moral, mas também pelos atores mais ativos da cena pública, em particular no período citado, quando a participação nos negócios públicos aumentou de forma expressiva como resultado da introdução de novas instituições sob a instigação do frade Girolamo Savonarola.

A segunda fonte para explorar a língua da política são os protocolos das *Consulte e Pratiche*, reuniões organizadas em Florença para auxiliar os principais órgãos de governo no período que nos interessa.[2] Nesses encontros, cidadãos notáveis ou representantes de grupos políticos ou profissionais eram convocados para opinar sobre questões urgentes e participar do processo de decisão, que muitas vezes lidava com problemas que diziam respeito à própria sobrevivência da cidade. Essas fontes são fundamentais para a compreensão do

---

1 Uma primeira versão deste capítulo foi publicada em: Newton Bignotto, *O humanismo e a linguagem política do renascimento: o uso das* Pratiche *como fonte para o estudo da formação do pensamento político moderno*, 2012, p. 119-131.
2 Para o estudo desses documentos, contamos hoje com as seguintes publicações de D. Fachard: *Consulte e pratiche. 1505-1512*, 1988; *Consulte e pratiche della Repubblica Fiorentina. 1498-1505*, 1993; e *Consulte e pratiche della Repubblica Fiorentina. 1495-1497*, 2002.

funcionamento das instituições florentinas no final do século xv. Elas contêm, no entanto, mais do que um repertório de falas que precediam a tomada de decisões. Nelas se refletia um século de cultura humanista e se forjava a nova reflexão política. As Pratiche, na verdade, eram apenas um dos fóruns nos quais a vida política se desenvolvia. Florença teve ao longo do Renascimento uma vida institucional que refletia em grande medida o equilíbrio político da cidade. Sem sermos exaustivos, podemos nos lembrar, em primeiro lugar, do Consiglio del Popolo (Conselho do povo). Sua composição mais "larga" ou "estreita" refletia o caráter mais popular ou aristocrático do governo. Em alguns momentos, constituíam o eixo da administração florentina um *gonfaloniere di giustizia* (gonfaloneiro de justiça), acompanhado por um grupo chamado Dodici Buon'Uomine[3] (Doze homens de bem), que o aconselhava e era eleito para um mandato de três meses pelos Otto de Guardia (oito de guarda), os quais se ocupavam com a segurança da cidade, além dos Dieci di Balìa,[4] que organizam a guerra. Essa

---

3   Esse conselho era composto por doze cidadãos respeitáveis e de alta reputação, que eram selecionados para desempenhar funções de supervisão e aconselhamento em questões de governança e administração. A principal função dos Dodici Buon'Uomini era garantir a justiça e a boa administração, ajudando a resolver disputas e administrar a cidade de maneira equitativa e eficiente. (N.E.)

4   Os Dieci di Balìa (ou Dieci di Balìa) foram um organismo de governo em algumas cidades-Estado italianas durante a Idade Média e o Renascimento, especialmente em Florença. A palavra *balìa* refere-se à ideia de autoridade delegada, então pode ser traduzida como "delegação" ou "comissão." Era composto por um conselho de dez membros que possuíam poderes extraordinários para tomar decisões rápidas e emergenciais. Eles tinham a autoridade para lidar com questões de segurança pública, administrar crises e, às vezes, tomar decisões importantes sobre política e administração, especialmente em períodos de instabilidade ou necessidade urgente. (N.E.)

estrutura mudava com o tempo, mas de maneira geral era uma referência para os florentinos. Na juventude de Maquiavel, o gonfaloneiro foi eleito para um mandato perpétuo; um novo órgão, para o qual nosso autor foi escolhido, os *nove*, agregou-se aos Dieci para tratar da constituição do exército florentino.[5] De maneira mais ou menos direta, ele interagiu com os diversos níveis do governo e com eles se comunicou na língua política da época.

O humanismo ensina os florentinos a falar sobre política

Para compreender a constituição de uma nova linguagem política no Renascimento, o ponto de partida ideal é o estudo da constituição do humanismo cívico e a constatação da preferência que foi dada à vida ativa em detrimento da vida contemplativa, que constituíra o núcleo da doutrina cristã medieval.[6] Sob o impacto da leitura dos textos de Cícero (106 a.C. – 42 a.C.), em especial do *Tratado dos deveres*, e dos escritos de Tito Lívio (59 a.C.–17 d.C.), a primeira geração de humanistas, no final do século XIV, influenciada pelas obras pioneiras de Francesco Petrarca (1304-1374) e depois guiada pelo entusiasmo de Coluccio Salutati (1331-1406), um influente humanista e chanceler da República de Florença,[7] enfrentou o problema de definir um caminho que pudesse ao mesmo tempo manter os vínculos com o cristianismo e afirmar os valores apregoados pelos autores romanos. Esse caminho só

---

5   R. Trexler, *Public Life in Renaissance Florence*, 1991; A. Lee, *Machiavelli. His life and Times*, 2021, p. 4.
6   W. Ullmann, *Principios de gobierno y politica en la Edad Media*, 1985.
7   R. Witt, *Hercules at the crossroads: the life, works ant thought of Coluccio Salutati*, 1983.

podia ser trilhado pelos que se dedicavam a atividades vinculadas à vida da cidade.[8]

Petrarca, no entanto, encontrou grandes dificuldades para abandonar o paradigma agostiniano,[9] hesitando durante toda a vida entre a herança cristã e o apelo para a participação nos negócios da cidade, que lhe chegava pelas páginas dos autores romanos que frequentou assiduamente. Com Salutati, que entre outras coisas era encarregado dos negócios externos da cidade e conhecido em toda a Europa por seus textos afiados, as coisas começaram a mudar, embora ainda seja visível sua dificuldade em admitir a tese, por ele mesmo defendida, segundo a qual a prática da justiça se acorda muito melhor com o cidadão ativo do que com o sábio contemplativo.[10]

Os humanistas descobriram que o espaço público é o lugar ideal para a prática de virtudes ligadas à cidade. Um escrito da primeira metade do século XV, o *Vita civile* de Matteo Palmieri[11] (1406-1475), representa uma guinada com relação não apenas à contemplação na forma como era entendida pelos pensadores medievais, mas também uma recusa do estoicismo, ou do sábio estoico, que se preocupava em estar de acordo com a natureza e seguir apenas a razão na criação de seu modelo de vida. Ao associar valores como liberdade, justiça e igualdade à ação do cidadão, os humanistas criaram uma tópica essencial do republicanismo moderno.

Leonardo Bruni (1370-1444), chanceler da República Florentina na primeira metade do século XV, encarnou como poucos o espírito do humanismo em sua vertente cívica. Ele

---

8   Um ótimo estudo deste tema continua sendo: H. Baron, *In search of Florentine Civic Humanism*, 1988, p. 134-157.
9   F. Petrarca, *La vie solitaire*, 1999, p. 29-48.
10 H. Baron, *In Search of Florentine Civic Humanism*, p. 144.
11 M. Palmieri, *Vita Civile*, 1982.

legou-nos um conjunto consistente de escritos nos quais explicitou de maneira elaborada as ideias que dominaram o pensamento italiano no começo do século xv. Elas contribuíram de forma decisiva para a consolidação de um novo vocabulário teórico para a filosofia política moderna e para uma nova concepção do homem. O jovem Maquiavel bebeu dessa fonte e dela retirou o núcleo da nova língua que aprendeu a falar em seus primeiros anos de formação: a língua da cidade.

Com Leonardo Bruni, as hesitações que ainda dominavam o pensamento de Petrarca e de Salutati quanto à relação entre uma vida dedicada à contemplação e a vida ativa desapareceram completamente. Bruni não optou pelo modelo da vida ativa depois de uma renúncia às suas crenças religiosas ou um longo debate com as fontes medievais; ele simplesmente mudou os termos do problema, apostando, desde seus primeiros escritos, que sua tarefa era pensar as questões de sua cidade e as dificuldades que ela, e todas as repúblicas italianas, encontravam para sobreviver no contexto turbulento do começo do século xv na Europa.[12]

Um tema importante de seu percurso é o da origem das cidades e o da criação de sua identidade. Num escrito de alto valor retórico, ele lançou nos primeiros anos do século xv as bases para uma leitura republicana do passado florentino, que já vinha germinando entre outros eruditos. Seguindo a tendência de seu tempo, ele diz, logo no início da *Laudatio Florentine Urbis* (Elogio da cidade de Florença), que Florença era filha de Roma,

---

12   Para uma apresentação ampla do pensamento de Leonardo Bruni, ver: P. Viti (org.), *Leonardo Bruni Cancelliere della Republica di Firenze*, 1990. No Brasil, Fabrina Magalhães Pinto tem publicado excelentes trabalhos dedicados ao pensador renascentista, dentre eles: *Política, história e instituições republicanas no primeiro Quattrocento: a Florença de Leonardo Bruni*, 2020; *O elogio da cidade de Florença (Laudatio Florentinae Urbis), de Leonardo Bruni*, 2016, p. 243-335; *A cidade ideal de Leonardo Bruni*, 2016, p. 367-388.

da qual "temos exemplos de virtù mais numerosos do que de todas as outras cidades em todos os tempos."[13] A filiação direta ao passado republicano romano era uma tese bastante controvertida do ponto de vista histórico, como constataria o humanista ao longo de sua vida, mas tinha inegável valor retórico. O ponto principal da estratégia literária, que visava evidentemente elevar Florença à condição de cidade livre e gloriosa por meio do elogio de suas muitas características físicas e políticas, era o de fornecer os fundamentos para sua liberdade e sua encarnação nas instituições republicanas por meio do apelo aos acontecimentos do passado, os quais não podiam ser postos em dúvida. Os florentinos, segundo ele, "gozam muitíssimo da liberdade e são fortemente hostis à tirania",[14] o que se deve às origens livres da cidade. O que interessa nessa estratégia argumentativa é menos o fato de que a história de Florença é parcialmente falsificada nas afirmações de Bruni e que seu texto foi escrito como um exercício retórico destinado a suplantar as crônicas medievais, que ofereciam uma visão sem relevo da história das cidades,[15] e mais as repercussões de sua démarche.

A grande mudança operada por ele foi a da afirmação de que a origem da cidade, que determina sua condição de república livre oposta às tiranias, situa-se no tempo e não depende de nenhum elemento transcendente para ter validade. Em termos modernos, poderíamos dizer que os humanistas apontaram ao mesmo tempo para o fundamento humano da liberdade e para o papel essencial do momento inicial do corpo político. Nesse sentido, pouco importa que o momento inaugural seja o passado romano,

---

13 L. Bruni, *Laudatio Florentine Urbis*, 1996, p. 596.
14 Ibid., p. 600.
15 Como afirma Martines: "If the technical foundations of humanism were in grammar he most effective speaking and writing." L. Martines, *Power and Imagination*, 1980, p. 194.

o contrato original ou uma revolução. O que se incorpora à filosofia política e à língua dos debates públicos é a discussão sobre a origem das cidades e o impacto dessa formulação no papel ativo que os homens desempenham na história. A preocupação com as instituições internas ganha destaque num contexto em que as forças universais – o Império e a Igreja – não exerciam mais o controle efetivo das cidades italianas. Transferir a identidade para a origem significava ao mesmo tempo pensar a responsabilidade humana nos destinos dos corpos políticos e fixar a forma original como uma herança que nunca poderia ser desfeita.

O tema da identidade das cidades sugere que outra visão do passado podia ser atualizada para fornecer a base para a estruturação da vida política: a separação da esfera pública da privada. Bruni afirma: "Uma coisa são as culpas públicas, outra as privadas, entre elas há muita diferença. Nas privadas deve-se atentar para o ânimo daquele que age, nas públicas para o ânimo de toda a cidade."[16] Para falarmos de toda a cidade, é preciso que tenhamos em mãos instrumentos que permitam dizer, além das fronteiras geográficas, o que define um corpo político. Bruni perseguirá esse problema ao longo de toda a sua vida. No *De Militia*, tratado dedicado exclusivamente às questões militares que examinaremos no Capítulo 6, ele propõe uma solução bastante simples, que se liga à luta das cidades italianas para ficarem livres do domínio das antigas formações com pretensões universais. Para o humanista, "pode-se chamar [um corpo político] de cidade quando ela pode manter-se por si mesma."[17] Em outras palavras, o que garante a identidade de uma cidade é sua autonomia.

Para os que seriam tentados a ver na discussão sobre a origem das cidades um mero exercício literário, Bruni alerta para o

16 L. Bruni, *Laudatio Florentine Urbis*, 1996, p. 614.
17 L. Bruni, *De Militia*, 1961, p. 660.

fato de que não devemos confundir o momento inicial de fundação com a vida política cotidiana. Assim

> [...] *é preciso, antes de mais nada, notar que a primeira forma da cidade é determinada pela razão e a segunda está ligada à fraqueza da condição humana. Para a primeira é importante a vontade do fundador, para a segunda a autoridade.*[18]

Ou seja, a origem e a vontade do fundador são fundamentais em uma república, mas não determinam o curso de toda vida política. Uma vez constituído o corpo político, após o impulso inicial que confere um rosto à organização institucional, é preciso que esta cumpra suas promessas, dando oportunidade a todos para que pelo menos possam esperar alcançar honras e vantagens – caso contrário, os homens "se deixam tomar pela inércia".[19] A ordenação institucional é tão ou mais fundamental do que o impulso inaugural, pois uma cidade, que segundo Bruni é "uma multidão de homens associados com um conjunto de leis",[20] só será capaz de garantir a integridade de seu projeto original se migrar para o domínio legal as razões alegadas pelo fundador para conferir-lhe identidade.

Em termos contemporâneos, podemos dizer que os humanistas abriram as portas para a compreensão dos diversos aspectos envolvidos na fundação de uma cidade ou de um corpo político. Em primeiro lugar, eles contribuíram para a afirmação do valor simbólico do momento inicial ao mostrar a diferença entre o ato de fundação e a vida institucional. Mais do que ordenar as instituições políticas, o ato de fundação – seja ele um acontecimento do passado, uma revolução, uma "mutação de

---

18 Ibid., p. 667.
19 L. Bruni, *Oratio in funere Iohannis Strozze*, 1996, p. 718.
20 L. Bruni, *De Militia*, 1961, p. 660.

regime", como dizia Francesco Guicciardini (1483-1540), pensador que escreveu um século depois de Bruni, ou mesmo um mito – é o responsável pela ordenação simbólica do corpo político.

A segunda contribuição para a compreensão do ato de fundação dada pelos humanistas foi a constatação de que as operações simbólicas não são elas mesmas suficientes para garantir a criação de uma república. Os humanistas procuraram mostrar que o mito da Florença livre dependia em grande medida da capacidade dos atores políticos de migrarem para o terreno institucional as qualidades que atribuíam às origens. Sem essa passagem, a fundação é apenas um ato vazio que arrisca gerar um caleidoscópio de violência, como aquele de alguns revolucionários modernos que tentaram a todo custo manter vivo um momento cuja função é a de servir de referência simbólica, mas não de se perpetuar em ações contínuas. A verdadeira obra republicana se expressa em leis e no que modernamente chamamos de Constituição, que encontra suas raízes no momento em que a cidade é criada e que perpetua sob a forma positiva de instituições o impulso inicial de liberdade.

Desse projeto, Bruni retirava uma descrição da República Florentina que vale a pena citar um pouco mais longamente:

Nós temos uma forma de governo do estado atenta o mais possível à liberdade e à paridade dos cidadãos. Essa forma de governo, uma vez que é completamente igual para todos, se chama de popular. Nós não suportamos ninguém que seja um patrão, nem estamos submetidos ao poder de poucos. A liberdade é igual para todos, e obedece exclusivamente às leis, sem medo de ninguém. Igual para todos também é a esperança de conseguir elevar-se aos postos mais importantes e receber as honras devidas. Para isso, é necessário o talento, o empenho e um modo de vida sábio e ponderado. Nossa cidade procura em seus cidadãos virtude e honestidade. Para aqueles que possuem tais qualidades estão abertas as portas para o governo da cidade.[21]

Muitos comentadores já observaram que a descrição feita por Bruni nesse texto, que recupera no Renascimento o gênero literário das orações fúnebres gregas,[22] não coincide com a verdadeira ordenação institucional de Florença. A cidade era governada por uma aristocracia, que desde o começo do século xv lutava para manter o controle dos principais postos de poder. A partir de 1434, esse equilíbrio começou a ser rompido com a ascensão da família Médici,[23] o que distanciou ainda mais a realidade florentina dos ideais republicanos. Alguns estudiosos atuais, em vista disso, colocam em dúvida o caráter essencialmente político do humanismo cívico. Essa tese foi defendida em 2019 com a publicação do livro de James Hankins, *Virtue Politics*.[24] Hankins é um conhecido opositor da noção de "humanismo cívico" e um crítico dos trabalhos de Hans Baron e dos que o seguiram em suas teses principais, às quais nos filiamos neste livro. Hankins manteve ao longo dos anos sua interpretação do humanismo do *quattrocento* como um movimento de caráter eminentemente retórico e moral. Para ele, as teses de Baron e seus seguidores não fazem sentido e contribuíram para a criação de uma ilusão quanto ao verdadeiro caráter do trabalho dos humanistas. Em seu último livro, ele se dedica, entre muitas outras coisas, a mostrar que a interpretação do caráter político deixa de lado o caráter imaginativo das descrições feitas pelos humanistas da situação política do Renascimento.

---

21 L. Bruni, *Oratio in funere Iohannis Strozze*, 1996, p. 716.
22 A respeito da importância da oração fúnebre na Grécia antiga, ver: N. Loraux, *A invenção de Atenas*, 1994.
23 C. Hilbert, *Ascenção e queda da casa dos Médici*, 1993.
24 J. Hankins, *Virtue Politics*, 2019.

Mesmo levando em conta as observações de Hankins, afirmamos que o humanismo foi uma ferramenta importante para o pensamento político moderno e para a constituição da linguagem pública das instituições republicanas renascentistas.[25] Bruni demonstra ter consciência disso em um texto no qual descreve, para visitantes estrangeiros, a natureza do governo florentino, quando afirma que "a forma de governo de Florença não é nem aristocrática nem democrática, mas uma mistura das duas."[26] A compreensão que ele demonstra da maneira como funcionava efetivamente a distribuição do poder em sua cidade nos ajuda a perceber que o republicanismo cívico dos humanistas era uma arma no combate político e uma estrela polar para muitos participantes da vida pública. Os valores defendidos por Bruni, Poggio Bracciolini[27] (1380-1459), Matteo Palmieri, Leon Battista Alberti[28] (1404-1472) e outros funcionaram com um programa político que demonstrou toda a sua força em 1494, quando da queda dos Médici. Diante da possibilidade de reorganizar a vida política da cidade, uma boa parte dos florentinos buscou nos valores cívicos humanistas uma referência para a reconstrução das instituições republicanas, as quais haviam perdido paulatinamente suas funções ao longo do período de predomínio dos Médici.

No trecho que citei anteriormente estão presentes os três eixos principais do pensamento republicano renascentista, que mais tarde estarão no centro do pensamento de Maquiavel: liberdade, igualdade e participação. A novidade, no entanto, não está em lembrar a existência desses valores e nem mesmo em

---

25 L. Martines, *Power and Imagination*, 1988, p. 192.
26 L. Bruni, *Sulla costituzione fiorentina*, 1996, p. 776.
27 R. Fubini, "Il teatro del mondo nelle prospettive morali e storico-politiche di Poggio Bracciolini", 1982, p. 1-102.
28 C. A. L. Brandão, *Quid tum? O combate da arte em Leon Battista Alberti*, 2000.

instituir a liberdade como o bem maior de uma república, mas de insistir na relação íntima que guardam entre si. De forma esquemática, podemos dizer que os humanistas mostraram que o republicanismo não é a afirmação unilateral nem da liberdade, nem da igualdade, nem da participação. Ele é a defesa da ideia de que apenas com os três pilares uma república se sustenta. Na ausência de um deles, o edifício se desequilibra e cai. Temos um exemplo dessa possibilidade em experiências contemporâneas que, insistindo na defesa da igualdade mas deixando de lado a liberdade (como foi o comunismo russo) ou defendendo a liberdade e deixando de lado a igualdade efetiva entre os cidadãos (como nas sociedades ultraliberais, tal qual o Chile de Pinochet), mostram que as formas políticas não só não duram muito tempo, mas acabam por reforçar seus pontos negativos promovendo uma contínua crise no seio das sociedades.

O humanismo cívico forjou as bases de uma concepção da política baseada na importância da ação humana na construção das cidades, as quais deixaram de ser o espaço de espera pelo final dos tempos, o qual, como vimos na Introdução, tinha um papel importante na vida política italiana durante o Renascimento. Ao ressaltar o caráter ativo da relação dos homens com seu meio, os humanistas defenderam uma política cujo centro se deslocou da eternidade das formas transcendentes para a imanência das cidades. Essa maneira de pensar a política marcou profundamente aqueles que tiveram contato com a cultura humanista e ajudou a forjar o modo como muitos participantes da vida pública florentina passaram a pensar os grandes problemas de seu tempo. Maquiavel foi profundamente marcado por essa herança.

A linguagem das instituições

Felix Gilbert, um dos maiores conhecedores da Itália renascentista, demonstrou num artigo pioneiro a importância de estudar as ideias políticas do período que vai de 1494 até 1512, por meio do recurso às *Consulte e pratiche da República Florentina*.[29] Em seu trabalho, ele ressalta o fato de que nas Pratiche se travava uma intensa batalha política. Nesse sentido, elas eram um local privilegiado de enfrentamento dos diversos grupos políticos que lutavam pelo poder naqueles anos turbulentos da República Florentina. Estudar as Pratiche permite acompanhar as ações da aristocracia florentina, que se via pressionada entre os elementos mais ligados às camadas populares e os que desejavam o retorno dos Médici.[30] Considerando, no entanto, o caráter consultivo do órgão e o fato de que os registros do período não são completos, devemos ser cautelosos em seu uso como fonte para a história de Florença, embora, como lembra o historiador: "Estudado junto com outras fontes, os protocolos das Pratiche podem ajudar a esclarecer a origem das decisões legislativas e políticas e explicar seu significado."[31] Além disso, servem como fonte para estudar as grandes personalidades políticas do período, sobretudo daquelas mais atuantes na cena pública.[32] De forma resumida, ele diz: "[...] a *Pratica* era a magistratura na qual os políticos florentinos construíam sua reputação e se tornavam chefes reconhecidos."[33]

---

29 F. Gilbert, *Le idee politiche a Firenze al tempo di Savonarola e Soderini*, 1977, p. 67-114.
30 Ibid., p. 75.
31 Ibid., p. 77.
32 Idem.
33 Ibid., p. 79.

Há uma segunda dimensão da vida política florentina que também está expressa nas Pratiche: *"uma análise desses documentos pode mostrar em que termos os Florentinos pensavam, as ideias e os valores que os dominavam: fornece um quadro das concepções políticas presentes em Florença."*[34] A partir dessas considerações, ficamos sabendo como os florentinos pensavam a política externa, que papel atribuíam à razão na deliberação política e como pensavam a posição de Florença na cena italiana. Entre outros problemas, abordavam o papel da *"fortuna nos negócios humanos, misturando essa questão com aquela da providência divina."*[35]

No plano interno, o problema da reforma institucional era o mais importante. Preocupados com a instabilidade das formas de mando instituídas depois que os Médici foram expulsos da cidade em 1494, os cidadãos florentinos buscaram intensamente compreender como deveriam estruturar seu governo para escapar dos ataques externos, mas também das armadilhas postas pela *fortuna, que fazia ruir muitos cálculos políticos*.[36] Esses temas se combinavam com a crença de que Florença era uma cidade especial, escolhida por Deus para levar a cabo uma obra a que nenhuma outra poderia aspirar. Essa aspiração e a ideia de que Florença fora escolhida por Deus, tema dominante da época de Savonarola, faziam com que os cidadãos pensassem que toda reforma institucional deveria ser um retorno à fundação da cidade, ou à suas instituições, uma vez que elas se revestiam de um caráter divino.[37] Em tempos revoltos e de grandes mudanças, a conservação das formas originais de governo parecia para muitos o ato político mais sensato e

---

34 Idem.
35 Ibid., p. 95.
36 Ibid., p. 100.
37 Ibid., p. 105.

transformador, mesmo se isso estivesse longe de ser possível ou de espelhar a realidade política da Itália.

As Pratiche eram momentos fundamentais da vida de Florença e por elas passaram as grandes personalidades da época. Nelas se travaram os grandes debates que dominaram a vida política da virada do século xv. Nelas se forjaram os grandes temas que iriam dominar o pensamento político florentino do século xvi. Por isso:

> As Pratiche são significativas pelo fato de permitirem compreender a revolução operada por Maquiavel no pensamento político. Maquiavel foi um radical porque adotou sempre as ideias mais realísticas e modernas expressas na Pratiche; mas também foi um revolucionário porque sistematizou essas ideias em um sistema lógico, cuja pilastra fundamental é a reavaliação da vontade como uma força política positiva.[38]

É possível encontrar nas Pratiche não apenas o terreno de formação do pensamento político do século xvi – e, por consequência de Maquiavel –, mas também a expressão do impacto direto das ideias desenvolvidas pelos humanistas na cena política da época. Se é verdade que os debates não espelhavam apenas opiniões pessoais e o senso comum, podemos, por meio deles, compreender a relação entre os desenvolvimentos teóricos humanistas e seu impacto na linguagem política da época. Trata-se, portanto, não apenas de reconhecer em Maquiavel o herdeiro das Pratiche, mas de ver nessa instituição o receptáculo das ideias políticas dos humanistas e os mecanismos de transformação de suas ideias em operadores linguísticos comuns. Nesse movimento, nossa compreensão do momento de formação de Maquiavel se alarga, pois passamos a pensar o problema da formação do

---

[38] Ibid., p. 108.

pensamento político moderno em três tempos inter-relacionados – o humanismo do século xv, a formação de uma nova língua política e a revolução teórica operada pelos pensadores do século xvi – e não mais como um movimento de dois tempos – o humanismo cívico e o pensamento político moderno nascente, como defendem muitos estudiosos. Esse alargamento do campo de estudos não destrói os resultados obtidos pela via aberta por Gilbert, e nem aquele seguidos, inclusive por nós,[39] dos intérpretes de Maquiavel que estudaram sua relação com os humanistas cívicos. O reconhecimento da multiplicidade de interações entre o pensamento político e a linguagem política de uma época é uma maneira fecunda de investigar o problema da relação entre política e pensamento político. Esses estudos se tornam ainda mais relevantes para nossos propósitos quando sabemos que, na condição de funcionário da República, nosso autor frequentava as reuniões, emitia opiniões e, por vezes, secretariava os encontros. Neles, aprendeu a falar a língua da política.

O que diziam os florentinos quando se reuniam

Para ilustrar o que acabamos de dizer, vamos analisar alguns documentos procurando relacioná-los com os termos forjados pelos humanistas em sua luta para a formação de uma nova linguagem política em oposição à que havia sido herdada do período medieval. Vamos nos deter inicialmente em alguns debates que ocorreram entre o final de julho e o começo de julho de 1502. Referindo-se a esse período, um estudioso disse que "a cidade se encontrava em condições extremamente precárias, quase desesperada, também por causa da fraqueza estrutural

---

39 Em alguma medida, esse foi nosso caminho em: N. Bignotto, *Maquiavel Republicano*, 1991.

de suas instituições."[40] Forçados pelas circunstâncias, os florentinos tentaram de todas as formas encontrar uma solução para a grave crise pela qual passava a cidade; isso se deu por meio de reformas institucionais que pudessem ao mesmo tempo pacificar os grupos em luta e tornar o poder mais eficaz para enfrentar os múltiplos desafios diante dos quais eles estavam.

O resultado foi um intenso debate sobre a forma de governo, levando os diversos representantes dos grupos políticos da cidade a apresentarem projetos de reforma que, ao final do mês em questão, apenas demonstraram a ruptura interna de Florença e sua incapacidade de encontrar rapidamente pontos de consenso.

O aspecto principal desse processo é a maneira como se desenrolava em Florença a luta pelo poder num contexto no qual a própria sobrevivência da liberdade da cidade estava ameaçada. É interessante observar a linguagem na qual os representantes dos diversos segmentos políticos expressavam suas opiniões e como sua visão de mundo era plasmada num vocabulário que misturava diversas influências. Os debates serviam para os cidadãos expressarem visões de mundo forjadas, em grande medida, no molde conceitual dos humanistas. A existência desse elo entre os conceitos do humanismo, a linguagem da cena pública florentina e o pensamento político do século XVI é o cenário no qual Maquiavel evoluía nos anos de peregrinação pela Itália, quando seu pensamento encontrou bases teóricas e linguagem. É claro que não se pode pretender que toda a língua política falada em Florença era fruto da herança humanista. Na fala dos participantes das Pratiche se misturavam elementos de crença religiosa, lugares-comuns da época (como o risco de que a parte mais pobre da população poderia se revoltar e comprometer ainda

---

40 G. Cadoni, *Lotte politiche e riforme istituzionali a Firenze tra Il 1494 e Il 1502*, 1999, p. 153.

mais a já precária estabilidade institucional da cidade) e o medo constante das invasões estrangeiras, levando à suposição de que havia um complô permanente dos Médici para retomar o poder.[41] Os debates entre os dias 5 de julho de 1502 e 20 de julho do mesmo ano são especialmente elucidativos em relação ao que estamos dizendo. Nessas semanas, as conversas giraram em torno da necessidade de realizar reformas institucionais. Os debates se iniciaram com as ameaças feitas por César Bórgia, personagem sobre o qual voltaremos a falar, e transmitidas por Maquiavel, de que, se não fossem feitas modificações no governo de Florença, ele a consideraria inimiga, o que na época representava uma intimidação bastante real à segurança da cidade. A primeira resposta endereçada ao *condottiere colocava como ponto de resistência a conservação da liberdade e a necessidade de evitar o confronto entre cidadãos*.[42] Não se podia ceder, sob pena de ver as instituições republicanas colapsarem. Nessa forma de lidar com as ameaças de César Bórgia identificamos dois tópicos da linguagem falada na cena política florentina da época.

Em primeiro lugar aparece o medo das facções e dos efeitos que as lutas internas tinham na cidade. Tratava-se de uma percepção da realidade que perdurou na Itália desde o final do século XIII e se manteve ao longo de todo o Renascimento.[43] A novidade estava na combinação entre o horror às divisões e a conservação da liberdade. Nesse caso, o sentido humanista da liberdade se fazia presente, pois a compreensão que se tinha

---

41 Ibid., p. 157.
42 "[...] et porre da parte ogni ruggine fussi fra cittadini cittadini, et fare ogni cosa per preservare questa libertà." D. Fachard, *Consulte e pratiche della Repubblica Fiorentina. 1498-1505*, 1993, p. 811.
43 F. Bruni, *La città divisa. Le parti e Il bene comune da Dante a Guicciardini*, 2003, p. 19-136.

da liberdade nas Pratiche era claramente aquela dos humanistas, que colocavam no centro de suas concepções cívicas a ideia da liberdade como participação dos cidadãos na cena pública e como independência com relação às potências estrangeiras. Sabendo da importância que César Bórgia teve na obra de Maquiavel, que será objeto de investigação nos próximos capítulos, não há como não reconhecer nos debates do mês de julho de 1502 um cruzamento entre vários temas do pensamento político do Renascimento. Interessa-nos ver como se expressavam os florentinos diante do medo de uma invasão e da luta sem tréguas pelo poder que os diversos grupos políticos travavam.

Os participantes de uma Pratiche falavam por conta própria, ou como representantes de um ofício ou de um grupo social. A identificação dessas vozes é de fundamental importância para o historiador do Renascimento, uma vez que permite recompor a verdadeira face dos conflitos em pauta. Para nós, importa apenas reconhecer os traços comuns da linguagem que empregavam e observar como as divergências existentes entre os diversos grupos se expressam ora por meio do recurso a uma terminologia comum, ora por meio do uso específico de um conteúdo facilmente identificado pelos que debatiam. Nesse sentido, quase todos afirmavam que, em primeiro lugar, dever-se-ia recorrer a Deus como arma primeira contra as ameaças do Duque. Nessa estratégia linguística ressurgiam os traços do período dominado por Savonarola, que terminara apenas alguns anos antes, mas também a crença humanista no destino especial de Florença.

O segundo recurso mais citado é a aliança com a França, que deveria servir de proteção nos momentos mais difíceis. Naqueles anos Maquiavel faria sua primeira viagem ao estrangeiro, como veremos, e constataria como era ilusória a esperança que seus concidadãos depositavam no reino francês. A concordância fundamental, no entanto, se expressava na ideia de que o que estava em risco era a liberdade da cidade. O peso do pensamento humanista se fazia sentir à medida que a maior parte dos participantes da pratica igualava Florença à sua liberdade e colocava a defesa desta em primeiro lugar. À luz do que sabemos sobre o emprego das tropas mercenárias na defesa da cidade e das críticas endereçadas a elas por Maquiavel, que serão objeto de nosso sexto capítulo, devemos ser prudentes na interpretação do significado das elocuções. Não podemos desprezar o fato de que o imaginário da cidade era aquele dos humanistas, e é dentro dele que as principais personalidades políticas se expressavam. Ao mesmo tempo, não podemos esquecer que nem todos os participantes das pratiche tinham os mesmos interesses políticos.

Na pratica do dia 3 de julho de 1502, Bernardo da Diacceto, um ator político bastante hábil, resumiu o sentimento geral da população, dizendo "Que desde que foi fundada, essa cidade jamais correu maior perigo, esteve tão desordenada e teve tão pouca reputação quanto no presente. Peço a Deus que nos libere de tantas tribulações."[44] Seguiu-se à sua fala uma série de intervenções nas quais se misturaram dois elementos: o pedido de intervenção divina e a necessidade de recorrer a doações e empréstimos dos cidadãos para que a cidade tivesse recursos para se defender. Nesse caso, apesar da presença da ideia reguladora da fundação livre da cidade estar nas falas de muitos participantes da pratica, a necessidade de salvar Florença expunha uma concepção da situação que combinava elementos totalmente díspares. De um lado, o apego a um mito religioso que havia tido seu auge alguns anos antes, quando Savonarola reinava sobre os espíritos. De outro, o agudo senso de realidade de homens de negócio que temiam, sobretudo, o risco que corria seu patrimônio. O humanismo fornecia a linguagem para compreender a identidade histórica da cidade, mas era deixado

---

44 D. Fachard, *Consulte e pratiche della Repubblica Fiorentina. 1498-1505*, 1993, p. 816.

de lado tanto como linguagem da esperança quanto como linguagem da prática política. Curiosamente, é desse "fracasso" do humanismo do século xv em consolidar um ideário político republicano baseado na ação dos cidadãos que vão nascer tópicos centrais na obra de Maquiavel, como sua crítica à ideia de que o dinheiro é o núcleo da guerra e, principalmente, sua análise do papel da força na política. Retomando a crença humanista de que um exército de cidadãos é o mais adequado para assegurar a defesa da cidade, Maquiavel garantiu a continuidade teórica da tradição republicana e teceu a crítica daqueles que em seu tempo faziam do dinheiro o núcleo da relação dos cidadãos com sua cidade. Guido Mannelli, florentino de posses, resumiu muito bem essa maneira de pensar quando, depois de lembrar os males de seu tempo, disse que, "para remediá-los, a ele ocorre que se deve pensar em todos os meios mediante os quais se possa conseguir dinheiro."[45]

Se nas discussões anteriores as ameaças de César Bórgia foram rechaçadas em nome da liberdade da cidade, na pratica do dia 5 de julho começaram a aparecer discursos nos quais o problema do ordenamento institucional e do funcionamento do governo ocupava a posição central. Antonio Benivieni dizia, referindo-se aos problemas recentes e às perdas territoriais da república, que isso "parece proceder em virtude da desordem e do mal governo, muito mais do que por outras razões, e a ele ocorre perguntar se deviam mudar o modo de viver e de governar."[46] Essa foi a deixa para que o problema da forma de governo ocupasse o centro das discussões.

Na verdade, desde a expulsão dos Médici esse foi o terreno no qual a luta pelo poder se desenrolou e definiu os contornos institucionais da cidade. Não é de admirar, portanto, que nesse

---

45 Ibid., p. 818.
46 Ibid., p. 819.

dia Bernardo Rucellai tenha tomado a palavra para defender a reforma da república e para sugerir o governo de Veneza como o modelo a ser seguido. Figura central do grupo social que se identificava como os *ottimati* (a aristocracia da cidade), ele não desejava o retorno dos antigos detentores do poder, mas via na forma veneziana de governo uma maneira eficaz de devolver o poder aos aristocratas, ao mesmo tempo que conservava a forma republicana como referência. Veneza era aos olhos de muitos cidadãos florentinos, mas não apenas deles, um modelo de equilíbrio e estabilidade. A cidade do Norte da Itália combinava o elemento aristocrático com o elemento popular, tendo no ponto mais alto da república a figura do Doge, que representava o elemento monárquico. Participava da construção dessa imagem da república ideal o conceito greco-romano do regime ideal, mas também a maneira como ele fora incorporado pelos humanistas no século anterior. No fundo, era mais um mito do que uma realidade, e os florentinos não faziam muito esforço para compreender o verdadeiro funcionamento do governo de Veneza. Bastava-lhes a imagem idealizada de uma cidade republicana bem-ordenada para poderem seguir em frente.[47]

Nesse debate sobre a forma de governo, o humanismo forneceu os operadores centrais e apontou para a liberdade e a participação dos cidadãos como o eixo de toda república. Fugir desse paradigma conceitual significava recusar a república e escolher uma forma de governo que só podia ser tirânica. Esse era o terreno comum da discussão, e dele não se afastavam nem mesmo os líderes dos *ottimati*. Dentro desse molde, no entanto, cabiam diversas interpretações dos princípios republicanos, e era em torno delas que a luta política se desenrolava.

Uma amostra da prevalência do discurso humanista na linguagem dos homens públicos florentinos quando se tratava de

---

47 S. Cardoso, *Maquiavelianas. Lições de política republicana*, 2022.

discutir as formas de governo aparece na pratica do dia 6 de julho. Nela, quatro dos principais bairros de Florença propuseram seus modelos institucionais, para fazer frente aos problemas vividos pela cidade. Falaram os representantes dos quartieri de Sancto Spirito, Sancta Croce, Sancta Maria Nuova e San Giovanni. As discussões recaíram sobre os detalhes da organização das instituições e sua composição. No fundamento de cada uma das propostas estava a escolha de um modo de governo que admitisse maior ou menor participação da população, que fosse stretto ou largo, na linguagem da época. Essa era a maneira como os humanistas, desde os tempos de Leonardo Bruni, pensavam a melhor constituição republicana. Esse será o ponto de partida dos debates teóricos travados pela próxima geração de teóricos liderados por homens como Maquiavel, Francesco Guicciardini[48] (1483-1540) e Donato Giannotti (1492-1573).[49]

As Pratiche não foram apenas o espaço de discussão de uma cidade que se mostrava preocupada com seu destino e se servia de uma linguagem ordinária para se comunicar; nelas a herança humanista consolidou sua influência e preparou o nascimento de novas formas de pensamento político. Na corrente de transmissão entre o humanismo, em sua dimensão cívica, e o pensamento de autores como Maquiavel, as Pratiche foram o lugar de transformação de uma reflexão teórica em patrimônio linguístico e conceitual de toda uma comunidade, que escolheu falar uma língua para entender seus problemas e dilemas. Ao mesmo tempo, o confronto dessa língua com a realidade política do tempo contribuiu para colocar à prova seus principais operadores. Nesse sentido, a crítica de Maquiavel ao pensamento de seus contemporâneos é tanto mais vigorosa porque não se ancora num simples debate de ideias, mas finca

---

48 F. Guicciardini, *Opere*, 1983.
49 D. Giannotti, *Opere Politiche*, 1974.

raízes nos conflitos efetivos que dilaceravam sua época. As Pratiche oferecem a possibilidade de estudarmos de maneira consistente a formação e transmissão de uma herança conceitual e as articulações que tornam possível a criação de uma nova teoria política distante (e ao mesmo tempo em sintonia com ela) de uma herança que se constituiu tanto em conjunto de obras teóricas quanto em linguagem política dominante de uma época. De posse desse arsenal linguístico, Maquiavel se lançou em primeiro lugar pelas estradas da Itália e da Europa, em busca de ações e análises que pudessem salvar Florença, antes de ter o curso de sua vida modificado pela tormenta de 1512, quando acabou exilado em sua própria terra. O aprendizado da política foi realizado na condição de funcionário dedicado, que havia aprendido nas ruas e nas discussões institucionais a falar a língua política de seu tempo. Vamos segui-lo daqui para frente em suas peripécias.

2. Maquiavel descobre a política externa

Maquiavel deu início às suas atividades no governo republicano de Florença logo depois da morte de Savonarola, em 1498.[1] O fato de ter sido nomeado secretário já no dia 19 de julho do mesmo ano prova que ele pertencia de alguma forma aos círculos anti--savonarolianos. Nos primeiros anos de seu exercício à frente da chancelaria, ele se ocupou não apenas de política externa, tema que sempre o apaixonou, mas também da questão das milícias, que mais tarde estarão no centro de suas reflexões.[2] Inicialmente, vamos seguir nosso autor em suas atividades durante uns poucos dias no ano de 1499. Para tanto, vamos recorrer às suas cartas endereçadas à Signoria durante sua missão junto a Caterina Sforza. Dessa maneira, teremos uma primeira aproximação de suas "experiências".[3] Num segundo momento, vamos analisar os escritos relacionados com sua primeira missão na França.

1 Uma primeira versão deste capítulo foi publicada em: N. Bignotto, "Maquiavel e a experiência da diplomacia: as primeiras missões", in *Reflexões sobre Maquiavel*, 2014, p. 37-55.
2 J.-J. Marchand, "Premesse", in N. Maquiavel, *Legazioni, Commissarie, Scritti di Governo*, 2002, p. 10.
3 Para estudos sobre o período de Maquiavel à frente da Segunda Chancelaria, ver: A. Guidi, *Un Segretario militante*, Politica, diplomazia e armi nel Cancellieri Machiavelli 2009; A. Tafuro, *La formazione di Niccolò Machiavelli*, 2004; Jean-Jacques Marchand (org.), *Machiavelli senza i Médici (1498-1512)*, 2006.

A diplomacia no Renascimento

Antes de iniciar a investigação de seus primeiros passos na política, vale a pena recordar algumas condições do exercício da diplomacia em seu tempo – e em Florença em particular.[4] De maneira geral, no final do século XV a diplomacia italiana seguia alguns princípios daquela que emergiu do período medieval, embora tenha também introduzido inovações que estarão na origem da prática diplomática moderna.[5] Até essa data, o direito de embaixada

[...] *era o método e a comunicação privilegiada e formal entre membros de uma sociedade organizada hierarquicamente e seu exercício podia ser admitido ou negado de acordo com a relação das partes concernidas e a natureza do negócio tratado.*[6]

Num escrito de 1436, *Breve tratado dos embaixadores*, Bernard du Rosier codificou os usos e costumes da diplomacia de seu tempo sugerindo não apenas procedimentos, mas também prodigando conselhos para os que, tendo aceitado o encargo da representação de determinado governante, pudessem cumprir sua missão da melhor maneira possível. O autor não desce a detalhes, mas organiza um saber que já era partilhado por toda a cristandade.[7]

Para compreender o papel do embaixador medieval, é preciso recordar que o Ocidente cristão se via como um corpo único, como um conjunto de povos reunidos pela mesma crença e pelos mesmos princípios. Nesse contexto, é fácil compreender que o

---

4 Sobre a questão da diplomacia no período, ver: G. Mattingly, *Renaissance Diplomacy*, 2008.
5 R. Fubini, *Italia quattrocentesca*, 2007.
6 G. Mattingly, op. cit., p. 26.
7 Ibid., p. 34-44.

fundamento da diplomacia era a busca e a manutenção da paz.[8] Esse objetivo central de toda prática diplomática devia ser cumprido tendo em vista que o sentimento de unidade reinante entre entidades políticas diversas fazia com que a paz fosse pensada como um desiderato universal, compatível com o fato de que eram instituições como o Império e a Igreja que deviam zelar pelas relações entre as partes, e não cada uma delas com seus interesses. Dizendo de outra maneira, a diplomacia medieval evoluía num mundo onde a noção de soberania ainda não tinha adquirido o significado particularista do qual vai se revestir com o surgimento das nações modernas. O embaixador representava um governante ou entidade particular, mas se orientava por valores que eram, ou pretendiam ser, universais. Nesse sentido, não se sentia preso a um grupo particular, mas devia servir a um público pensado em sentido amplo como sendo aquele de todos os cristãos. É claro que na prática os embaixadores estavam no mais das vezes ligados a seus governantes ou a seus grupos sociais, mas não era dessa forma que representavam sua própria atividade. Como quase sempre eram homens abastados, membros das elites dirigentes que deviam custear uma parcela dos gastos com a missão, tinham a impressão de serem parte de um todo poderoso, mesmo quando lutavam por pequenos benefícios.

A desestabilização dos poderes universais e sua posterior decadência no curso dos séculos XIII e XIV, junto com o surgimento das pequenas cidade-estado italianas, alterou de maneira decisiva a prática diplomática. Em primeiro lugar, com o avanço da ideia de soberania os embaixadores passaram a ser vistos como representantes de um poder particular, e não mais como funcionários da cristandade. Ermolao Barbaro (1453-1493), um importante humanista, disse referindo-se aos novos embaixadores: "O primeiro dever do embaixador é o mesmo de qualquer

---

[8] Ibid., p. 43.

servidor de um governo: aconselhar e pensar o que pode melhor servir à preservação e ao crescimento de seu próprio Estado."[9] Sendo membros de um governo, como veremos com Maquiavel, ligados não apenas a uma cidade, mas a determinado grupo político, eles passaram a combater como soldados para a vitória de sua pátria. Ao lado dessa inflexão em direção aos interesses dos corpos políticos particulares também assistimos, paulatinamente, ao estabelecimento de diplomatas permanentes, que permitiam um fluxo contínuo de negociações e tratativas entre os governos. Na prática, muitos procedimentos listados por Bernard du Rosier continuaram a ser empregados no curso das missões, mas a nova realidade política italiana fez surgir uma nova diplomacia: "A diplomacia no sentido moderno, a diplomacia permanente, foi uma das criações do Renascimento italiano."[10]

Algumas semanas na vida do Secretário Florentino

Maquiavel desempenhou sua primeira missão diplomática de 12 a 24 de julho de 1499 junto à Caterina Sforza.[11] O objetivo da missão era aparentemente modesto, pois tratava-se de renovar o contrato com o filho da condessa, Ottaviano Riario, que servira Florença como *condottiere*, ou seja, defender a cidade com suas tropas em troca de uma boa remuneração. O contexto da política italiana de então transformava essa simples discussão dos termos de um acordo em algo bem mais complicado. De um lado, Luiz XII, rei da França, pretendia seguir com as conquistas de seu antecessor, Carlos VIII, ambicionando se apropriar de Milão e de Nápoles. Do outro lado, César Bórgia, *condottiere*

---

9   Ibid., p. 117.
10 Ibid., p. 55.
11 A. Lee, *Machiavelli. His Life and Times*, 2021, p. 74-90.

famoso da época, já fizera sua irrupção na cena italiana e ameaçava todas as pequenas cidades do centro da Itália, como Imola, com a ajuda de seu pai, o Papa Alexandre vi. Naquele tempo, o fato de um papa ter filhos causava estranheza, mas ninguém se opunha, pois ele podia sempre alegar que havia optado pela vida eclesiástica depois de ter tido seus filhos. A situação era delicada para Florença, pois a cidade havia sido ajudada em suas guerras recentes pela família Sforza de Milão, mas também era ligada à França. Caterina Sforza, por seu lado, temia a invasão de seus domínios e se via atada a seu tio Ludovico, o Mouro, figura temida em toda a Itália. Na qualidade de representante da Signoria, órgão governante de Florença, Maquiavel foi obrigado ao mesmo tempo a tentar resolver o problema específico para o qual fora enviado e a escapar das armadilhas que se escondiam na contração de alianças militares num momento de forte instabilidade da política italiana.[12]

Jean-Jacques Marchand já mostrou, numa análise detalhada da correspondência trocada entre Maquiavel e a Signoria, o caráter retórico dos escritos do secretário e a clara consciência das partes de que havia algo maior do que um contrato em jogo nas poucas conversas que se desenrolaram em Forli.[13] Suas observações nos ajudam a perceber que a diplomacia era considerada uma ferramenta importante na vida das cidades italianas num período em que as ameaças externas e as invasões ocorridas nos anos finais do século xv haviam exposto a fragilidade do equilíbrio de forças construído no curso do século que findara. Assim, nas instruções que a *Signoria* transmitiu a seu servidor no dia 12 de julho de 1499, ele é instado a "discorrer com palavras

---

12 R. Ridolfi, *Biografia de Nicolau Maquiavel*, 1999, p. 46-47.
13 J.-J. Marchand, "Machiavelli e Madonna d'Imola: la narrazione dell'incontro diplomatico", in *Machiavelli senza i Médici (1498-1512)*. Atti del Convegno di Losana, 2006, p. 183-193.

eficazes e com os melhores termos que ocorrerem, mostrando à sua Excelência o quanto a cidade deseja lhe seja dada a ocasião e beneficiá-la e reconhecer suas obras..."[14] É importante observar que a preocupação quanto ao uso das "palavras adequadas" reflete a consciência de que não se podia confiar na simples boa vontade da governante e ela mesma se via numa situação muito delicada, afetada pelo risco de que seus domínios fossem engolidos nas disputas por territórios que ameaçavam toda a Itália.

A referência ao uso de "palavras eficazes" não implica a descoberta de um aspecto original do pensamento renascentista no final do século xv. Ao contrário, ela nos lembra que, desde o início do século, fazia parte do ofício dos chanceleres o combate pelas palavras e o uso da retórica na política. Basta lembrar a figura de Coluccio Salutati para se dar conta da presença desse tipo de procedimento na vida pública florentina desde o momento de afirmação do humanismo como um movimento político.[15] Enquanto chanceler de Florença, ele fazia de suas cartas públicas uma verdadeira arma na política europeia. Seus contemporâneos diziam que seus escritos eram mais temidos do que os fracos exércitos florentinos. O fato, no entanto, de que a *Signoria* indique a Maquiavel o procedimento a ser seguido em sua missão abre caminhos interessantes para os estudos do pensamento do Secretário.

O desenrolar da correspondência diplomática com Caterina Sforza mostra quão arraigada estava a retórica na vida administrativa da cidade, sobretudo quando se tratava de sua política exterior. Maquiavel não a descobre ao escrever suas cartas com o estilo que iria notabilizá-lo. Não há registro em sua correspondência de que a sugestão de seus superiores tenha lhe causado espanto. Da mesma forma, as instruções da Signoria são dadas

14 N. Maquiavel, *Legazioni, Commissarie, Scritti di Governo*. 2002-2011, p. 269.
15 H. Adverse, *Maquiavel. Política e Retórica*, 2009.

sem grande relevo, o que nos ajuda a compreender quais eram as habilidades esperadas de um jovem funcionário no cumprimento de suas missões. Para o estudo da gênese do pensamento de nosso autor, é preciso levar em conta que ele teve contato com a retórica por múltiplos caminhos convergentes, e não apenas por meio de uma única fonte. Em primeiro lugar, ele era leitor dos antigos e, portanto, habituado ao uso de uma linguagem persuasiva nos embates políticos ou literários. Essa é a frequentação à qual ele se refere quando fala das coisas antigas na introdução de *O Príncipe*. Mas deixaríamos de lado um aspecto relevante de sua carreira se não observássemos que ele tem em suas missões uma experiência direta do combate pelas palavras. Esse era o segundo ponto de contato com a retórica. Ciente de que Florença não possuía armas poderosas, a retórica aparecia como uma ferramenta capaz de minorar a fraqueza da cidade no cenário conflagrado da Itália.

Os procedimentos seguidos pelo segundo-secretário em suas primeiras missões já eram bastante sofisticados.[16] Na carta do dia 17 de julho, ele apresenta as posições de Florença, escuta Caterina Sforza e finalmente apresenta sua réplica. Ao reportar suas ações à Signoria, Maquiavel situa sua intervenção exclusivamente no plano lógico-argumentativo, pois não cabia nenhum tipo de manifestação de afeto ou mesmo de simpatia. Ele expõe a posição de Florença sobre os fatos relevantes – a renovação do contrato com o filho da governante –, reafirma o que é o essencial na conduta da cidade (a saber, sua fidelidade a seus aliados) e, finalmente, conclui a carta mostrando que procurou "usar todos os termos convenientes para mostrar-lhe o quanto vossas senhorias desejavam que chegasse

---

[16] J.-J. Marchand, *Machiavelli e Madonna d'Imola: la narrazione dell'incontro diplomatico*, 2006, p. 186-187.

o tempo em que pudessem efetivamente mostrar como prezam os que serviram a elas com fé."[17]

O fato de que o Secretário procura nuançar as dificuldades de Florença tanto em seguir pagando ao *condottiere* quanto em afirmar a aliança de defesa mútua não convenceu totalmente a governante, que replica sem hesitação: "Vossa excelsa Senhoria faz pouco caso e nada mais oferece do que palavras."[18] Diante disso, Maquiavel reafirma que a aparente mudança no comportamento dos florentinos era devida "à necessidade dos tempos e que não são movidos [os florentinos] por outra coisa do que pela afeição e pelo amor que lhe portam [*à Caterina Sforza*]."[19]

Dando ciência aos governantes de Florença de como se passou a primeira audiência com a duquesa, Maquiavel mostra que seguia em sua prática os conselhos iniciais de que deveria se servir de todos os recursos oratórios para assegurar uma posição vantajosa para a cidade. Em todas as suas cartas endereçada à Signoria no período que nos ocupa, ele continuou a se referir a seus procedimentos retóricos como algo usual em sua conduta. Com a crescente dificuldade nas negociações, ele permanece fiel ao intento de persuadir sua interlocutora de algo que ele sabe que não lhe é favorável. Assim, no dia 23 de julho, depois que Caterina apresenta sua proposta de aliança formal com Florença (que Maquiavel sabe que é quase impossível de ser aceita), ele relata à Signoria que continuou a tentar convencê-la de recuar de certas demandas "usando todos os termos que eu acreditava necessários e convenientes para persuadi-la."[20]

---

17 N. Maquiavel, *Legazioni, Commissarie, Scritti di Governo*, Carta do dia 17 de julho, 2002-2011, p. 277.
18 Ibid., p. 280.
19 Ibid., p. 281.
20 N. Maquiavel, *Legazioni, Commissarie, Scritti di Governo*, Tomo I (1498-1500), Legazione a Caterina Sforza, Carta do dia 23 de julho, 2002-2011, p. 294.

Num primeiro nível, nosso autor demonstra que, em consonância com a tradição dos chanceleres humanistas, ele sabe que a cena política externa exige o uso de procedimentos retóricos e que eles são uma forma eficaz para a manutenção das relações com as muitas potências com as quais Florença tinha de dialogar. O fato de que Caterina Sforza parece descontente com a cidade, pois ela lhe oferece apenas palavras, não anula essa percepção, pois mantém vivos justamente os combates retóricos que perpassam as negociações. Podemos dizer que Maquiavel teve no curso de suas missões – embora tenhamos apenas apontado para esse fato – uma experiência direta da vida diplomática e de um dos caminhos essenciais para a condução da política externa de uma cidade. Nesse nível, ele experimenta um caminho balizado tanto pelos humanistas quanto pelos antigos. Esses procedimentos já haviam se incorporado à vida italiana a ponto de se constituírem ferramentas normais da complicada política externa das cidades.

O segundo nível de experiência propiciado pela missão junto à Caterina Sforza está situado no que foi caracterizado como uma "escritura teatral", ou seja, é preciso diferenciar o uso dos procedimentos retóricos nas negociações diretas com a governante de Imola e Forli dos procedimentos literários empregados nas cartas enviadas à Signoria. Nasce aqui um estilo que é tributário da retórica clássica, mas que também se define pela especificidade da língua na qual se expressa e no contexto geral da Itália do Renascimento. Maquiavel escreve na condição de segundo-secretário, mas não como um secretário qualquer. Dessa maneira, podemos considerar que seus escritos são fontes preciosas para o estudo da gestação de sua forma de pensar a realidade política.

O terceiro nível da experiência propiciada pela missão é o da constatação dos limites das palavras no combate político. Isso não nasce, no entanto, da reação adversa de Caterina aos esforços de persuasão do Secretário Florentino. Os limites são encontrados na análise da situação política concreta da Itália – em particular na maneira como a guerra era travada e como se comportavam os soldados na Itália quando não estavam envolvidos em alguma campanha. Temos um exemplo dessa realidade na carta do dia 16 de julho, anterior, portanto, ao primeiro encontro com Caterina Sforza. Nela, Maquiavel se dedica a descrever a situação de Florença e suas reivindicações no tocante a um carregamento de pólvora e outros materiais endereçados às tropas a soldo da cidade. Ao mesmo tempo, mostra como os mercenários de Caterina aterrorizavam os arredores das cidades e pilhavam casas e famílias. As armas eram usadas como instrumento privado e não como parte de um corpo político autônomo. Contra elas, as palavras eram ineficazes. O tema das milícias, que fizera irrupção nos escritos dos humanistas ainda no começo do século xv, torna-se objeto direto das preocupações de Maquiavel. Não se trata, no entanto, de refletir sobre os exércitos antigos, mas sobre o impacto direto na vida italiana da presença de tropas desgarradas, que nada deviam a seus controladores e aos cidadãos que as pagavam. Na carta do dia 18 de julho, o Secretário Florentino relata a resposta da governante ao pedido de envio de novos soldados. Sem floreios, ela diz que "não seria possível fazer mover as coisas sem dinheiro."[21]

Mais tarde, n'*O Príncipe* e nos *Discursos sobre a primeira década de Tito Lívio*, Maquiavel fará críticas violentas aos exércitos mercenários. No sexto capítulo, vamos analisar detidamente esse tema em seus primeiros escritos. Por ora, basta lembrar que o exame da correspondência diplomática de Florença nos mostra que esse assunto chegou a Maquiavel por meio da experiência direta da realidade italiana enquanto funcionário

21 N. Maquiavel, *Legazioni, Commissarie, Scritti di Governo*, Tomo I (1498-1500), Legazione a Caterina Sforza, Carta do dia 18 de julho, 2002-2011, p. 284.

de Estado. Da mesma forma, seus encontros com Caterina são a ocasião para que ele possa experimentar a fragilidade de uma análise da situação italiana levada a cabo somente do ponto de vista de um dos atores envolvidos.

O exercício da arte diplomática e o reconhecimento da importância prática da retórica são a ocasião para Maquiavel compreender que essas duas ferramentas só são eficazes quando juntas com as determinações da força. A solução de um desacordo banal sobre os termos de um contrato só é possível num contexto no qual é preciso levar em conta todos os termos do problema. De um lado, é essencial não ofender seus interlocutores. Florença deve manter as aparências até o fim, pois depende de Caterina Sforza para conservar sua imagem de cidade fiel a seus aliados. De outro lado, a situação italiana faz com que a cidade não possa se assumir inteiramente nem como uma entidade autônoma, nem como fiel da balança. Isso fica claro na carta que a *Signoria* envia a Maquiavel no dia 27 de julho em resposta à sua carta do dia 24 de julho, na qual ele descreve as enormes dificuldades em seguir negociando com a governante de Imola. Pressionada pela governante a assinar um termo de acordo formal, a Signoria se nega e pede a seu funcionário que diga a ela "não haver necessidade de obrigar-se por escrito, tendo as obrigações mútuas sido mantidas por tanto tempo com o ânimo e a vontade."[22]

Maquiavel descobre, por meio do uso dos procedimentos retóricos adequados, quanto a força é importante nas negociações diplomáticas. Não fosse a fraqueza militar de sua cidade, mas também a complexidade das relações entre os diversos atores da cena italiana, ele não teria nem mesmo

---

22 N. Maquiavel, *Legazioni, Commissarie, Scritti di Governo*, Tomo I (1498-1500), Legazione a Caterina Sforza, Carta do dia 27 de julho, 2002-2011, p. 298.

sido enviado para discutir a renovação do vínculo com o filho de Caterina Sforza. Mas, ao mesmo tempo, a retórica se mostra essencial por ser uma arma possível numa situação que não pode ser controlada por nenhum dos envolvidos no processo de negociação. Ele descobre que os limites da palavra, o que poderíamos chamar de política da imagem, se mostram como um fator tão determinante quanto o equilíbrio das forças militares. Mesmo sabendo que Caterina não aceitaria uma resposta tão vaga às suas demandas, ele é instado a manter sua posição até o fim, insistindo num ponto de vista que seu senso já agudo das realidades de seu tempo (que transparece em suas cartas de forma evidente) mostrara que não podia ser sustentado até o fim. Sem a força necessária para afirmar seu ponto de vista, uma cidade deve tentar manter a todo custo sua imagem. Se fracassar nos dois terrenos – o da força e o da imagem –, estará inexoravelmente condenada ao declínio.

Maquiavel e a descoberta da França

Nosso autor havia observado de perto o desastre que representara a campanha para a conquista de Pisa com auxílio dos franceses e dos soldados suíços, que simplesmente haviam abandonado o cerco à cidade vizinha. Esse acontecimento abalou a confiança da República Florentina, que no dia 18 de julho de 1500 enviou correspondência com instruções para que Maquiavel e Francesco Della Casa se dirigissem a Lion, onde já estavam dois embaixadores florentinos: Francesco Gaulderotti e Lorenzo Lenzi, que se preparavam, no entanto, para abandonar seus postos e retornar à Itália.[23] Na verdade, os dois representantes florentinos na França pouco podiam fazer não apenas por

---

23 R. Ridolfi, *Biografia de Nicolau Maquiavel*, p. 53.

desconhecerem o que se passava em sua cidade natal, mas também por terem pouco a oferecer a Luiz XII, que se irritara com a posição florentina com relação ao problema de Pisa. As primeiras instruções aos dois novos enviados mencionam o fato de que pelo menos Maquiavel conhecia bem a situação – por ter estado presente nas operações fracassadas do cerco a Pisa, mas também por conhecer a real situação das forças florentinas. Em posição frágil, não restava à Signoria senão dizer a seus enviados que procurassem não se desculpar por nada, salvo no tocante a detalhes, como a não construção de uma ponte que teria ajudado o exército que efetuava o cerco.[24] Longe de dar instruções permitindo a Maquiavel e seu companheiro encontrar uma solução para as estremecidas relações com a França, a Signoria parecia confiar no velho procedimento de ganhar tempo, quando a situação da cidade não sugeria que a cautela fosse a arma necessária para tirar-lhe do impasse no qual se via.

Foi, pois, novamente em posição de fragilidade que Maquiavel partiu para sua primeira missão no exterior. No curso dos seis meses durante os quais permaneceu na França, acabou ficando sozinho depois que seu companheiro se retirou para tratar da saúde no mês de setembro de 1500. Nesse período, pôde experimentar pela primeira vez as agruras do serviço diplomático e os limites dos procedimentos tradicionais de negociação. Sem o poder efetivo de um embaixador, foi obrigado a seguir a corte de Luiz XII em seu périplo pelo país e a se envolver em seguidas escaramuças verbais com o poderoso Cardeal de Rouen, o principal ministro do rei.[25] Maquiavel tentava a todo preço evitar a ruptura com o poderoso aliado, sabedor de que isso poderia

24 N. Maquiavel, *Legazioni, Commissarie, Scritti di Governo*, Tomo I (1498-1500), Prima Legazione in Francia, Carta de 18 de julho de 1500, 2002-2011, p. 390.
25 R. Ridolfi, op. cit., 1999, p. 55-56.

trazer consequências desastrosas para Florença, ameaçada naquele momento por vizinhos hostis que certamente se aproveitariam da debilidade de suas forças para atacá-la.

A diplomacia florentina vinha sofrendo várias modificações com relação ao padrão medieval, o que culminaria a partir de 1502 na escolha de Piero Soderini para o posto de *gonfaloniere* perpétuo numa guinada decisiva em direção ao que seria a diplomacia moderna. Um dos aspectos fundamentais foi o progressivo esvaziamento da posição dos Dieci di Balia, instituição ligada às questões relativas à política externa de Florença e tradicionalmente ocupada pelas famílias oligárquicas. Sua reforma em 1500 abriu as portas para a atuação mais decisiva de funcionários próximos do poder, o que alterava de algum modo o papel dos chanceleres. Maquiavel estava ligado tanto por sua formação quanto por seus vínculos pessoais à tradição do humanismo cívico, e isso fica evidente nos documentos que analisamos até aqui.[26] Mas foi a perda de poder de certos grupos da aristocracia florentina que permitiu a ele, nos anos que se seguiram às suas primeiras missões, ocupar-se de negociações cada vez mais complexas tanto no plano interior quanto no plano da política externa, o que não poderia deixar de impactar sua obra teórica.[27] Sem nunca ter sido oficialmente embaixador de Florença, o que sua posição social não permitia,[28] Maquiavel foi capaz, na qualidade de segundo-secretário, de influenciar a política externa de sua cidade e de ocupar-se de negócios que simples funcionários da chancelaria não podiam efetuar no quadro da chancelaria

---

26   R. Black, "Machiavelli, servant of the Florentine republic", in G. Bock, Q. Skinner, M. Viroli (orgs.), *Machiavelli and Republicanism*, 1990, p. 73.
27   A. Guidi, *Un Segretario militante*. Politica, diplomazia e armi nel Cancellieri Machiavelli, 2009, p. 142.
28   R. Black, "Machiavelli in the Chancery", in J. Najemy, *The Cambridge Companion to Machiavelli*, 2010, p. 32.

florentina do *quattrocento*.[29] Os primeiros anos de aprendizado foram fundamentais não apenas para sua formação enquanto funcionário da República Florentina, mas, principalmente, como analista da cena política italiana e europeia, cujos frutos somos capazes de apreciar lendo suas obras de maturidade. Os primeiros movimentos na cena política italiana e na cena internacional já mostram como a experiência da diplomacia foi um dos caminhos centrais para a revolução teórica que nosso autor efetuaria nos anos seguintes. Seus próximos passos o empurraram para o centro de uma realidade convulsionada na qual a linguagem da força se impunha de maneira inequívoca em detrimento, muitas vezes, dos combates retóricos nos quais ele ia se tornando mestre.

A necessidade de evitar que o confronto com o Cardeal de Rouen se transformasse em um desastre para Florença, a tibieza da Signoria em agir numa situação de grande gravidade e o fato de que Maquiavel não tinha os poderes necessários para avançar propostas que poderiam mudar o rumo das coisas são componentes que fazem de uma parte da correspondência do período um documento esclarecedor de como se desenrolava o cotidiano de um enviado a uma Corte francesa com suas bizarrices e especificidades, e de como a diplomacia era muitas vezes uma arte de ganhar tempo, na esperança de que algum fato novo pudesse mudar os dados do problema. Para nós, no entanto, não são as enervantes e recorrentes discussões com os franceses que interessam. Preocupados com a formação do pensamento maquiaveliano, somos levados a acreditar que essa primeira experiência fora da Itália trouxe para nosso autor não somente uma oportunidade para entender o funcionamento do jogo diplomático, mas também o do jogo político em toda a sua extensão. A diplomacia foi a porta de entrada de Maquiavel

---

29 A esse respeito, ver: D. Masci, *La cancelleria della Repubblica fiorentina*, 1987.

para o que ele mais tarde trataria como a política, aí incluindo sua percepção da questão da força. Se podemos falar de um aprendizado nesses anos de peregrinação, ele se deu em grande medida por ter Maquiavel tido a oportunidade de ir afiando suas armas conceituais no contato direto com uma realidade que nada tinha de ideal.

Chabod, grande estudioso italiano do pensamento de nosso autor na primeira metade do século passado, já escreveu, num texto que um intérprete classificou como "as páginas mais belas sobre essa primeira legação na França",[30] que

> [...] é através dessa experiência que o tom de Maquiavel torna-se pouco a pouco mais incisivo, mais claro, seu juízo mais seguro e sua personalidade se impõe, sem a reserva, a cautela que notamos em sua missão junto a Caterina Sforza Riario.[31]

É certo que aos poucos o segundo-secretário adquiriu mais segurança, que ele tomou contato com realidades que desconhecia e que sua imensa curiosidade o levou a aproveitar cada viagem, cada discussão com o Cardeal de Rouen como uma oportunidade para constituir o que depois ele chamará de "longa experiência das coisas modernas." Seria, no entanto, um engano lermos os escritos de juventude de Maquiavel apenas como uma preparação para a escritura de *O Príncipe* anos mais tarde. Como ele mesmo diz, seu livro resultou de sua frequentação da cena política de seu tempo e dos antigos. Mas, quando ele estava fora de Florença em missão, ou em sua cidade, o que queria era realizar bem suas tarefas, compreender o mundo à sua volta e transmitir suas análises para os governantes aos quais estava ligado, e não preparar o material para uma obra futura.

30 U. Dotti, *La Révolution Machiavel*, 2006, p. 68.
31 F. Chabod, *Scritti su Machiavelli*, 1982, p. 280.

Por isso, muitas vezes a leitura de seus escritos do período que estamos analisando pode se mostrar difícil e mesmo repetitiva. O importante é abordar esse material pensando na possibilidade que ele oferece de acompanharmos no detalhe a gestação de um pensamento que revolucionou a filosofia moderna, mesmo que naquele momento ele estivesse longe dessas preocupações.

À luz dessas considerações, vamos deixar de lado um estudo detalhado de cada uma das cartas enviadas por Maquiavel (que são preciosas para entendermos seu cotidiano na França) para nos dedicarmos aos escritos nos quais emergem alguns temas essenciais de seu pensamento. De maneira simplificada, podemos dizer que no início de sua carreira o aprendizado do uso prático da retórica na cena diplomática ocupou o centro de suas preocupações. Na primeira missão na França, ele experimentou seus limites. Como vimos, já em sua missão junto a Caterina Sforza constatara que a fraqueza militar de Florença impedia que ela obtivesse o que desejava de maneira imediata. Na França, ele pôde observar os efeitos dessa posição no caso de um interlocutor que nada tinha a temer e que, portanto, negava-se a entrar em meras disputas verbais buscando impor suas vontades pela simples indicação de sua superioridade militar.

Essa percepção aparece claramente na carta do dia 27 de agosto enviada à *Signoria* em Florença e assinada pelos dois enviados, embora tudo leve a crer que tenha sido redigida apenas por Maquiavel.[32] Logo no início, ele diz com todas as letras que a situação na qual estavam era quase insustentável, pois o rei francês estava muito pouco satisfeito com os florentinos e mostrava-se irritado com o fato de que Florença ainda não havia enviado novo embaixador capaz de apresentar uma solução para

---

32 N. Maquiavel, *Legazioni, Commissarie, Scritti di Governo*, Tomo I (1498-1500), Prima Legazione in Francia, Carta de 27 de agosto de 1500, 2002-2011, p. 440-444.

os problemas do pagamento dos mercenários suíços e para a continuação do cerco a Pisa.³³ O que chama a atenção no início da carta é o fato de que Maquiavel não apenas não se furta em mostrar o descontentamento dos franceses com o comportamento da *Signoria*, mas diz com todas as letras que seus recursos retóricos estão chegando ao fim, uma vez que de pouco adiantaria continuar a parlamentar sem fatos novos, "pois não seriam ouvidos."³⁴ Sua intenção não é apenas assinalar os limites de seus esforços verbais, mas compreender a natureza de uma resistência que se enuncia de forma tão aberta. Na legação junto a Caterina Sforza, ele já experimentara os limites da retórica, mas em momento algum o jogo entre os interlocutores saiu do campo do mútuo desejo de persuasão. Com os franceses, ele estava diante de uma nova situação.

"E não pensem, Vossas "Senhorias – diz ele –, que" as boas letras ou os bons argumentos podem remediar a situação, pois aqui eles não são escutados."³⁵ "E não tentem", continua no mesmo tom, "relembrar-lhes os feitos do passado e a fidelidade da cidade ao reino de Luiz XII, tudo isso é supérfluo." O que se pode então fazer? Maquiavel não tinha os meios materiais para atuar, mas podia fazer o que seria sua grande arte: tentar compreender o que ocorria para além das aparências e aconselhar seus governantes a agir levando em conta os dados visíveis do problema. O primeiro passo é se colocar na pele dos franceses e tentar entender como eles raciocinavam: "Essa gente apresenta as coisas de forma totalmente diferente e as vê com olhos diversos dos nossos que estamos aqui."³⁶ Isso se deve talvez ao fato de que os franceses não são idênticos aos italianos e tiveram outra

33 Ibid., p. 440.
34 Idem.
35 Ibid., p. 443.
36 Idem.

história, mas não é esse ponto de vista que interessa a Maquiavel. Diante de uma situação concreta, ele procura encontrar seus aspectos dominantes para, em seguida, raciocinar sobre seus efeitos. Pouco lhe interessa falar da natureza dos franceses em abstrato, embora ele fosse tentado por essa maneira de analisar os atores políticos.[37] Nesse caso, no entanto, não é a "natureza" dos atores que constitui o alvo de Maquiavel, mas sua posição com relação aos acontecimentos.

Isso fica mais claro quando ele explicita o ponto de partida dos juízos que seus interlocutores emitem: "cegos como estão por sua potência e o ganho imediato, não estimando senão aqueles que possuem armas ou podem pagá-las."[38] A força não é aqui um operador do analista político, que procura discernir os elementos centrais de um acontecimento. Ela é, de um lado, um dado objetivo, pois não se podia ignorar a realidade dos exércitos de Luiz XII. Mas, por outro lado, é o fato que comanda a opinião que os atores têm – no caso, os franceses – de sua própria situação. Cientes de sua potência, eles acreditam poder entender a realidade circundante a partir da consideração de sua vantagem material. O cálculo das forças em presença no cenário político tem, portanto, um efeito multiplicador que os diversos atores não podem desprezar. Do lado dos que a detêm, é um fator objetivo de sua possibilidade de ação, o que Maquiavel sempre considerou algo positivo, como mostrará mais tarde n'*O Príncipe*, quando fará a crítica dos profetas desarmados, como Savonarola. Do lado dos que se opõem à potência alheia, ele é uma ameaça e também a fonte do julgamento de seus adversários. Por isso, Maquiavel chama a atenção dos senhores de

---

37 F. Chabod, *Scritti su Machiavelli*, 1982, p. 285.
38 N. Maquiavel, *Legazioni, Commissarie, Scritti di Governo*, Tomo I (1498-1500), Prima Legazione in Francia, Carta de 27 de agosto de 1500, 2002-2011, p. 443.

Florença: "Essas duas qualidades fazem grande mal a vossas senhorias, pois segundo eles vós não possuístes alguma delas: nem exércitos próprios e nem recursos [...]."[39]

A força produz, portanto, um duplo efeito no campo da política. Ela é o fator objetivo que divide os atores e faz pender a balança para um lado ou para o outro do campo de disputas, que é a cena internacional. Nesse sentido, sua posse é um bem desejável e um elemento de análise essencial para o pensador que se ocupa com a política. Sua dimensão objetiva faz, no entanto, com que ela interfira não somente no terreno das guerras, mas também naquele da produção da imagem e do juízo. Os franceses estavam conscientes de que eram mais fortes que os florentinos, e dessa constatação passavam para um plano diferente de julgamento quando forjavam uma ideia global não apenas daqueles com quem discutiam e dos quais tentavam obter vantagens, mas de si próprios.

O fato objetivo das armas era também a mola dos juízos a respeito dos outros e o ponto de partida de constituição da autoimagem. Nessa passagem para o plano do imaginário, a força pode se converter numa fonte de ilusões que, além de não reforçar o poder dos que a detêm, pode ainda contribuir para destruir seu poder. Nas semanas seguintes, Maquiavel se dedicou a procurar entender o comportamento dos franceses e a maneira como pensavam o mundo que os circundava e como isso afetava Florença.

A correspondência com a *Signoria* é por vezes repetitiva e cheia de reclamações quanto à inatividade dos governantes e ao perigo que representava. Maquiavel pensa que esse é o ofício do representante: relatar de forma minuciosa o que vê e emitir julgamentos, pois ele diz: "é que preferimos escrevendo e errando trazer prejuízos para nós a deixar de escrever e, errando,

---

[39] Idem.

faltar com a cidade."[40] Observando os efeitos da inoperância de seus senhores, ele se dá conta de que na cena internacional não são apenas as relações bilaterais que são afetadas, mas a posição global da cidade no cenário europeu, pois "o descontentamento de sua Majestade cresceu tanto, que deu ânimo a todos os vossos inimigos para sugerirem ao rei medidas contrárias às necessidades e utilidade de vossa Senhoria."[41] A inação se revela uma forma desastrada de ação, que pode levar Florença a se ver obrigada "a guardar e defender as coisas possuídas e a própria liberdade, mais do que pensar em reaver as coisas perdidas."[42] A velha tendência florentina de tentar resolver seus problemas ganhando tempo, no plano internacional, se mostrava de grande periculosidade.[43]

No mês de setembro, Maquiavel continuou sozinho em sua missão depois que Della Casa foi para Paris. Em sua correspondência, fica claro que as condições para a realização de suas tarefas eram consideradas por ele inadequadas, mas isso não o impedia de continuar a fazer suas observações e a transmiti-las para a *Signoria*. A demora dos florentinos em reagir aos perigos de sua posição timorata os expunha não apenas à ambição de seus vizinhos, mas também enfraquecia sua imagem e fazia da cidade uma presa fácil para a calúnia.[44] Se a força era o elemento central da assimetria entre Florença e a França e determinava o comportamento de ambos no cenário

---

40 N. Maquiavel, *Legazioni, Commissarie, Scritti di Governo*, Tomo I (1498-1500), Prima Legazione in Francia, Carta de 3 de setembro de 1500, 2002-2011, p. 454.
41 Ibid., p. 450.
42 Ibid., p. 451.
43 F. Gilbert, *Machiavelli e Guicciardini*, 1970, p. 37.
44 N. Maquiavel, *Legazioni, Commissarie, Scritti di Governo*, Tomo I (1498-1500), Prima Legazione in Francia, Carta de 11 de outubro de 1500, 2002-2011, p. 488.

europeu, ela não se concentrava apenas no aspecto material. Incapaz de sustentar um exército, Maquiavel aprendeu que ela era também incapaz de sustentar sua imagem.

Quando Maquiavel escreveu para a *Signoria* em 21 de novembro de 1500, sua missão estava quase no fim, mas suas preocupações em nada diminuíram. Consciente das atividades do Papa Alexandre VI na Itália e de suas ambições territoriais, ele se permite até mesmo mostrar ao Cardeal de Rouen em que medida esses movimentos de conquista eram desfavoráveis à monarquia francesa e a seus interesses. Maquiavel mostra uma desenvoltura que lhe faltava em sua primeira missão, mas é sempre enquanto funcionário de Florença e não como pensador político que ele fala. Preocupado com o destino de sua pátria e com o que poderia acontecer se ficasse sem o apoio da França, ele diz:

> *Sua Majestade deveria observar e seguir o exemplo daqueles que nos tempos antigos quiseram assegurar a posse de províncias estrangeiras: abaixar os potentes, agradar aos súditos, manter os amigos e se guardar dos falsos que pretendem ter a mesma autoridade nesses lugares que ele.*[45]

Vários intérpretes já notaram a linha que une esse tipo de observação a alguns capítulos de *O Príncipe* nos quais a figura de Luiz XII é analisada.[46] Ao apontar para os passos que o rei deveria seguir para garantir a posse de suas conquistas na Itália, Maquiavel já mostrava o tipo de análise que o tornaria célebre em sua época. Quando retornou a Florença no dia 14 de janeiro

---

45 N. Maquiavel, *Legazioni, Commissarie, Scritti di Governo*, Tomo I (1498-1500), Prima Legazione in Francia, Carta de 21 de novembro de 1500, 2002-2011.
46 F. Chabod, *Scritti su Machiavelli*, 1982, p. 286.

de 1501, ele não pensava escrever um livro. Mergulhado na vida de sua cidade na qualidade de funcionário, tinha um cotidiano intenso, que mais tarde serviria de base para sua compreensão da política. A diplomacia não foi, no entanto, apenas um meio para experiências; ela foi o coração de uma vida dedicada ao serviço público. Por meio dela, ele pôde ter a experiência de seu tempo e da natureza dos homens. Sua grande arte foi ter transformado essa frequentação na matéria de base de uma obra que revolucionaria o pensamento político ocidental.

3. Maquiavel e a França

Os primeiros anos da atividade política de Maquiavel transcorreram entre uma atividade febril enquanto Secretário da República Florentina e viagens a outras cidades e países.[1] Nesse rol de atividades, suas idas à França constituíram um caminho à parte, pois não apenas o ajudaram a compreender o funcionamento das relações internacionais, mas também como elas interferem e são modificadas pela forma como os atores políticos interagem com os desafios postos pelo convívio e pelo conflito com potências estrangeiras.[2]

Retorno à França

Como vimos, Maquiavel fez sua primeira viagem para fora da Itália justamente para a França. Empossado no cargo de segundo-secretário da República Florentina em 1498, ele foi mandado para a Corte do rei francês em 18 de julho de 1500,

---

1 Uma primeira versão deste capítulo foi publicada em: N. Bignotto, "Maquiavel e a França", in A. Ragazzi; P. D. Meneses; T. Quírico (orgs.), *Ensaios interdisciplinares sobre o Renascimento Italiano*, 2017, p. 143-162.
2 R. Black, "Machiavelli, servant of the Florentine republic", in G. Bock, Q. Skinner, M. Viroli (orgs.), *Machiavelli and Republicanism*, 1990.

depois de ter experimentado o fracasso de Florença em conduzir a reconquista de Pisa. A atenção ao tema da força e da imagem continuou a habitar seu pensamento nos anos que se seguiram à sua primeira missão no estrangeiro, em particular em suas viagens à França. Em 1504, Maquiavel mais uma vez foi mandado para a Corte do rei francês. A situação de Florença no contexto italiano era precária e se tornara ainda mais perigosa depois que as tropas francesas foram batidas em Garigliano pelos espanhóis. A Signoria já havia enviado Nicolau Valori para a França, mas decidiu enviar também Maquiavel, para ajudar seu amigo a convencer o rei Luiz XII a não abandonar seus aliados italianos.

Maquiavel partiu em janeiro de 1504 tendo recebido as recomendações de seu governo no dia 19 de janeiro. Como não dispomos de muitos documentos dessa missão, é difícil apreender qual foi o sentimento do Secretário Florentino nessa ocasião. O fato de que era muito próximo de Valori o fez talvez reduzir o número de suas cartas, deixando quase inteiramente para seu amigo o privilégio de se comunicar com a *Signoria*. Apesar dessa limitação, podemos ver como se desenrolava mais uma vez, para nosso autor, a "experiência das coisas modernas." Se em sua primeira missão ele fora confrontado com a força dos que possuíam um exército poderoso, nessa nova viagem ao exterior foi o impacto da fragilidade dos atores no momento de tomar decisões que esteve no centro de sua experiência.

A carta de instruções da *Signoria* deixa à mostra o quase desespero no qual se viam os governantes de Florença, que pedem a Maquiavel que constate por ele mesmo "as medidas que eram tomadas" pelos franceses e que poderiam influenciar os destinos de sua cidade.[3] De forma direta, os governantes de Florença se referem à situação perigosa na qual se encontra a

---

3   N. Maquiavel, "Seconda Legazione in Francia, 19 gennaio-1 marzo 1504", in *Opere*, 1999, vol II, p. 939.

cidade e não hesitam em dizer que estão dispostos a escolher qualquer solução, pois "não devem antepor à conservação da cidade nenhuma barreira, não restando nada mais do que essa pequena liberdade, à qual devem salvar por todos os meios."[4] No dia 26, o Secretário chegou a Lion depois de passar por Milão. No mesmo dia se encontrou com seu compatriota Valori e se pôs imediatamente a trabalhar junto à corte francesa, para apresentar ao rei e a seus ministros as reivindicações de Florença. A insistência dos enviados florentinos não deixou de irritar os franceses, que reclamaram do fato de que eles só se dirigiam a eles com demandas urgentes, sem consideração pelas circunstâncias.[5] A solução que apresentaram, e que acabará por se impor, era uma trégua com os espanhóis, que livrava a Toscana de uma invasão eminente por algum dos atores políticos presentes na cena italiana. Maquiavel protelou ao máximo seu retorno, mas não dispomos de material suficiente para analisar o que se passava com ele nesse momento tão delicado.

Alguns intérpretes chegaram a conjecturar que Maquiavel havia enviado uma correspondência secreta ao Gonfaloneiro Soderini, que claramente solicitava seu juízo nas cartas enviadas pelos *Dieci* (órgão que se ocupava, entre outras coisas, dos problemas da guerra).[6] Embora não fosse impossível, não temos nenhuma evidência textual de que isso tenha acontecido e nem nos parece que teria havido alguma discordância entre os dois amigos. Do ponto de vista formal, é preciso lembrar mais uma vez que Maquiavel não era embaixador no sentido pleno, mas apenas um enviado para ajudar o representante direto de Florença. Por outro lado, os laços que uniam os dois homens iam

---

4 Ibid., p. 940.
5 Ibid., p. 943.
6 R. Ridolfi, *Biografia de Nicolau Maquiavel*, 1999, p. 97.

muito além de uma simples camaradagem de viajantes.[7] Nicollò Valori apreciava Maquiavel e o defendia junto aos membros da *Signoria*. Além disso, ambos partilhavam a mesma crença no regime republicano, que os levaria a cair em desgraça quando do retorno dos Médici ao poder, em 1512. Parece-nos, que as lições aprendidas pelo Secretário Florentino naquela ocasião iam muito além de uma simples disputa de prestígio. Os dois homens estavam afinados em suas visões e agiram em consonância com isso. A lição que ia aprendendo Maquiavel era de outra ordem. Na primeira missão junto ao rei francês, ele pôde ver o impacto que tinha a posse de um exército poderoso nos juízos políticos dos atores envolvidos na cena europeia. Em sua segunda visita, constatou não apenas a fragilidade de sua cidade, mas também o fato de que a simples posse das armas não garantia a continuidade do domínio do rei francês sobre seus territórios. Iludido com a própria força, ele não foi capaz de compreender a natureza de seu poder. Maquiavel voltará a esse ponto em *O Príncipe*, mas em 1504 o que se abre para ele é a complexidade da cena política e a necessidade de considerar ao mesmo tempo um grande número de variáveis, a fim de poder entender o que de fato se passava na Europa. Para isso, tanto o medo contínuo dos florentinos e sua incapacidade de tomar decisões radicais em relação ao futuro de sua cidade quanto a incapacidade dos franceses de calcular a própria força eram elementos determinantes no caráter errático das decisões que eram tomadas e dos resultados perigosos que delas emergiam. À medida que Maquiavel pensa sobre a França, seu pensamento se alarga em direção às fronteiras que vão determinar suas obras posteriores.

---

[7] M. Jurdjevic, *Guardians of Repubicanism. The Valori Family in the Florentine Renaissance*, 2008, p. 63-67.

A primeira reflexão sobre o papel da guerra

É possível dizer que o tema das armas está presente em todas as legações de Maquiavel à França, mas esteve longe de ser o único e contribuiu muito mais para o aparecimento de novas questões do que para fechar o pensamento de nosso autor em torno de um único operador conceitual. Já em 1504, Maquiavel se envolveu com o problema da organização de um exército próprio para Florença. Dessa data até o fim da república em 1512, ele se empenhou em montar unidades de combate que pudessem substituir as ineficazes e perigosas tropas mercenárias. Em seu *Cagione dell'Ordinanza* (Razões da Ordinanza), ele diz com surpreendente franqueza aos dirigentes de Florença: "Vós da justiça tendes pouca e armas nenhuma. O modo para conseguir ambas é organizando um exército (*armi*) por meio de uma deliberação pública e mantê-lo em boa ordem."[8] O texto foi escrito no momento em que Maquiavel se lançava na tarefa de dotar Florença de "armas próprias", o que para ele era o resultado de uma experiência e de uma reflexão que ocupara muito de seu tempo nos anos anteriores. Esse será o tema de nosso sexto capítulo. Por enquanto, vamos seguir nosso autor em seus primeiros anos.

Como já foi assinalado por muitos intérpretes, o envolvimento de Maquiavel com a *Ordinanza* estará no centro de suas atividades e de seu pensamento ao longo de toda a sua vida. Isso ficará ainda mais claro quando, anos mais tarde, ele escrever *A arte da guerra*, seu principal escrito sobre o tema.[9] Visitando

---

[8] N. Maquiavel, "La cagione dell'Ordinanza, dove la si truovi et quel che bisogna fare", in *Opere*, 1997, p. 26-27.

[9] Ver a esse respeito: Corrado Vivanti, *Niccolò Machiavelli. I tempi dela politica*, 2008, p. 43-53; A. Guidi, "L'esperienza di governo di Machiavelli e l'Ordinanza fiorentina", in J.-J. Marchand (org.), *Machiavelli senza i Médici* (1498-1512), 2006, p. 149-159.

a França, o autor teve a oportunidade de conviver com um povo que se servia continuamente das armas para manter suas conquistas e expandir seus territórios. Essa experiência foi decisiva em sua investigação sobre o lugar da força na política, que nunca deixou de interessá-lo, mesmo quando anos depois foi obrigado a se refugiar em sua pequena propriedade rural.

Esse tema dividiu ao longo dos tempos a opinião dos estudiosos de Maquiavel. Luigi Zanzi defende a posição mais radical no debate sobre o lugar da força no pensamento de nosso autor, quando afirma: "O aspecto 'revolucionário' da concepção de Maquiavel está no fato de considerar 'ordinário' e 'normal' não mais o 'estado de paz' mas o 'estado de guerra.'"[10] Para ele, Maquiavel aprendeu a reconhecer a importância de ter exércitos próprios para assegurar a defesa do território de uma cidade e viu em tal necessidade a manifestação da centralidade que a guerra tem no conjunto das relações humanas.

Segundo Zanzi, para o autor florentino, "não pode existir nenhuma relação natural que não seja a da guerra."[11] Dessa maneira, o estudioso aproxima Maquiavel de autores modernos como Hobbes, e apresenta uma leitura radical de seu "aprendizado" nos anos de sua prática como funcionário de governo. É preciso, no entanto, notar que o intérprete reconhece que em Maquiavel "a natureza do 'estado de guerra' é, portanto, política."[12] Dessa forma, para ele, a guerra é o paradigma por excelência da vida em comum, por permitir "reconhecer que a detenção do poder depende sempre de equilíbrios que nascem da luta e da rivalidade de poder."[13] Em outra linguagem, Zanzi desenha suas conclusões quando afirma:

10 L. Zanzi, *Machiavelli e gli "Svizzeri"*, 2009, p. 90.
11 Ibid., p. 91.
12 Idem.
13 Idem.

Também com respeito ao raciocinar sobre a guerra se encontra em Maquiavel o reconhecimento do 'conflito' como princípio e como nó crucial do desenvolvimento 'natural' das situações políticas dos estados...[14]

O aspecto principal nesse tipo de leitura dos primeiros escritos de Maquiavel é a sugestão de que a guerra seria uma espécie de operador central de todo pensamento político ao fornecer à ideia de força uma figuração realística e ao evitar os desvãos de uma intepretação por demais complexa da política. Tudo se passa como se Maquiavel tivesse adotado naqueles anos uma visão de mundo próxima da dos jovens de seu tempo que, diante das experiências vividas na Itália, depois da invasão francesa de 1494, haviam feito da força o elemento central de compreensão do mundo político.[15]

Ora, a afirmação do papel dos conflitos no pensamento de Maquiavel é um aspecto importante de um conjunto de interpretações que acentuam o caráter revolucionário do pensamento do autor. Mas não podemos confundir a temática da guerra com aquela mais ampla dos conflitos, que chamou a atenção do então jovem funcionário. Claude Lefort mostrou como a afirmação da função positiva e estruturadora dos conflitos sociais está no núcleo da filosofia do autor, fornecendo não apenas um elemento inovador de seu pensamento, mas o pilar sobre o qual se erguem seus principais conceitos.[16] De forma clara, ele diz: "A política é uma forma de guerra e, sem dúvida, não é por acaso que, para demonstrar essa afirmação, Maquiavel começa por raciocinar sobre a tomada do poder pelas armas."[17] Nessa ótica, não se trata

---

14 Ibid., p. 92.
15 F. Gilbert, *Machiavelli e il suo tempo*, 1964.
16 C. Lefort, *Le travail de l'oeuvre Machiavel*, 1972, p. 382.
17 Ibid., p. 353.

de negar que política e guerra estão entrelaçadas no pensamento de nosso autor de maneira inelutável.[18] Ao realizar o estudo das legações à França, o importante é ver que a descoberta da força como elemento central da política, que aparece já nos primeiros escritos, no lugar de simplificar a investigação sobre a natureza da política e de reduzi-la ao conflito entre "amigos" e "inimigos" próprio do "estado de guerra" expõe a complexidade de uma realidade que não pode ser subsumida por um único conceito, mesmo aquele de força. Com Luiz XII, Maquiavel aprende a importância da guerra e seus limites, mas também a importância da política e seus limites. Retornemos à França.

A tópica do amigo e do inimigo

A terceira legação de Maquiavel à França ocorreu entre 20 de junho e 24 de setembro de 1510. Naquele momento, o Papa Júlio II estava em guerra aberta contra a França. Ainda que o conflito fosse de baixa intensidade no plano militar, colocava Florença mais uma vez em uma situação delicada. Aliada da França, não podia ignorar a disputa; vizinha de Roma, não podia desconhecer os perigos que rondavam a cidade. O primeiro documento disponível dessa missão é uma carta do gonfaloneiro Piero Soderini para Maquiavel. De maneira explícita, o governante expõe sua desorientação e medo diante da situação. A carta tem um tom retórico forte. Ele diz para seu secretário se dirigir ao rei da França alegando não desejar "senão três coisas: a glória de Deus, a felicidade de minha pátria

---

18 Para uma leitura abrangente da questão dos conflitos na obra de Maquiavel, ver: S. Audier, *Machiavel, conflit et liberté*, 2005. Ver tb.: J. L. Ames, *Conflito e liberdade. A vida política para Maquiavel*, 2017.

e a glória de sua majestade o rei da França",[19] Mas ela também mostra a fragilidade de Florença. Mesmo ciente das dificuldades que Maquiavel enfrentaria, Soderini procura uma saída que contemple ao mesmo tempo os dois adversários, o que parecia uma missão quase impossível. Instruindo Maquiavel sobre o que ele deveria dizer ao rei, ele pede que o rei "faça de tudo para não romper com o Papa, pois, se a amizade de um Papa conta pouco, sua inimizade é de se temer."[20]

Durante esse período, o Secretário Florentino será constantemente instruído sobre a situação das tropas e da Itália em geral.[21] Só no dia 7 de julho ele escreverá de Lion, onde estava com a Corte do rei francês, dando informações de caráter geral, sem apresentar grandes reflexões. É interessante constatar que, nas cartas dos *Dieci*, que procuram orientar a ação do funcionário de Florença, aflora a ideia de que seria possível enfrentar a crise pela qual passava a cidade por meio de "pequenas operações e cálculos", sem tomar nenhuma decisão mais radical e definitiva. O que aflora é uma concepção da política como o terreno de um jogo sutil e de baixa intensidade. Maquiavel se insurge contra essa maneira de conceber a política, em particular a política externa. Para os governantes florentinos só existia um amontoado de pequenos acontecimentos, os quais podem até produzir uma catástrofe, mas que não têm um nexo causal forte, capaz de iluminar o rumo dos acontecimentos. Era importante, nessa lógica, coletar o maior número de informações para tentar seguir no dia a dia o rumo dos acontecimentos, que, no entanto, eram percebidos como entidades autônomas e desprovidas de uma lógica interna.

---

19 N. Maquiavel, "Terza Legazione in Francia", 20 jun.-24 set. 1510, in *Opere*, 1999, p. 1247.
20 Ibid., p. 1248.
21 Ibid., p. 1248-1250.

Maquiavel lutou durante toda a sua carreira no seio da administração de sua cidade contra a tendência dos governantes de evitar as decisões mais importantes na esperança de que o tempo pudesse resolver as coisas por ele mesmo. Isso não queria dizer que ele desprezava as informações que recebia, ou que acreditava poder abrir mão delas para formular seus juízos sobre o tempo presente. Se olharmos para sua correspondência privada do período em que esteve na França, veremos que isso não é verdade. Um exemplo é o fato de que Francesco Vettori, seu amigo ao longo de toda a vida, escreveu-lhe no dia 3 de agosto para colocá-lo a par do que se passava na cidade, mas também na Itália.[22]

Na carta transparece a confiança recíproca, mas também a necessidade que ambos sentiam de se manter informados sobre a perigosa situação de seu tempo. Mesmo no tocante à questão mais direta do conflito entre o Papa e a França, ele dispunha de informações que não provinham dos *Dieci*. No dia 17 de agosto, por exemplo, em uma carta cujo autor é desconhecido por nós, Maquiavel é informado de que "o Papa disse ter em mãos um acordo, mas não querê-lo, e continua a ameaçar."[23] Florença, como veremos, buscava se colocar na posição de mediadora do conflito, mas não informava diretamente seu funcionário a respeito da situação do papado, que ele vinha a saber por fontes "pessoais".

Essas fontes não apenas forneciam um material precioso para sua ação, mas também serviam de material para suas reflexões. Maquiavel era apreciado por muitos, mas também detestado por uma parte da oligarquia, que via nele o fiel funcionário de um governo do qual os *ottimati* queriam se distanciar. Essa posição de prestígio junto aos governantes e aos amigos

---

22 N. Maquiavel, "Francesco Vettori a Niccolò Machiavelli", Florença, 3 agosto 1510, in *Opere*, 1999, p. 212.
23 N. Maquiavel, "Un amico di cancelleria a Niccolò Machiavelli", Florença, 17 agosto 1510, in *Opere*, 1999, p. 215.

não era, no entanto, alimentada pela bajulação, que costuma acompanhar os poderosos. Maquiavel era um funcionário zeloso, dotado de grande capacidade de análise, mas sabia de seus limites e era informado deles por seus amigos. Em uma carta, cujo autor também nos é desconhecido, é-lhe dito no dia 29 de agosto: "Suas cartas encheram de admiração muitos aqui e sobre elas se pensa e repensa e, depois, nada se faz."[24]

Em missão, o secretário florentino se dividia entre executar o que lhe fora pedido junto aos franceses, coletar mais informações e procurar orientar as ações de sua cidade, por meio de observações e análises. Como em outras ocasiões, essa viagem de 1510 forneceu-lhe um rico material para suas reflexões posteriores. Em 18 de julho, ele narra o primeiro encontro com Rubertet, personagem influente na corte francesa, e o estado de ânimo do monarca. Referindo-se à relação da França com o Papa, Maquiavel reporta a fala do rei francês:

> *Secretário, não tenho inimizade nem com o Papa, nem com ninguém. Mas, como vemos hoje surgir tanta inimizade e amizades inesperadas, peço a vossos senhores sem tergiversar de me dizer sem demora o que estão dispostos a fazer por mim e até onde estão dispostos a ir, se o Papa ou alguém atacar meus estados na Itália.*[25]

Tendo instado Maquiavel a agir junto aos governantes de Florença, o rei teria concluído sua fala dizendo que gostaria de saber "quem é meu amigo e quem é meu inimigo."[26]

---

24 N. Maquiavel, "Un vostro 'compare' a Niccolò Machiavelli", Florença, 29 agosto 1510, in *Opere*, 1999, p. 220.
25 N. Maquiavel, "Terza Legazione in Francia", 20 jun.-24 set. 1510, in *Opere*, 1999, p. 1257.
26 Idem.

Essa não foi a primeira vez que Maquiavel foi confrontado com o problema do amigo e do inimigo como a forma estrutural da política externa. Por ocasião de sua primeira missão junto a César Bórgia em 1502, ele escutara em tom de ameaça que era preciso que os florentinos se declarassem amigos ou inimigos do Duque.[27] Naquele momento, Maquiavel estava diante de um ator político extraordinário tanto por suas habilidades quanto pelo fato de ter sido guindado ao poder graças à "boa fortuna". Com seu destemor, ele ajudou o então jovem secretário a descortinar o papel da força nas relações políticas e a desconfiar da retórica quando ela não era acompanhada por ações decisivas por parte dos governantes. Em alguma medida, as palavras do rei ajudaram Maquiavel a conceder um caráter geral a uma maneira de pensar a relação entre estados, que poderia ter sido atribuída por ele ao fato de ser o Duque Valentino um ator particular na cena política italiana. Diante do rei francês, Maquiavel teve a experiência de que a frase pronunciada por César Bórgia estava longe de ser um aspecto bizarro de sua personalidade.

Florença era formalmente aliada da França. De maneira direta, a aliança oferecia maior proteção à cidade da Toscana do que ao reino de Luiz XII. O rei da França podia de fato dizer "para salvar seu estado ofereço toda força desse reino e mesmo vir pessoalmente",[28] sem que isso soasse como uma ameaça. Maquiavel apreende nesse contexto um aspecto da política externa que aponta para os limites da política enquanto tal, ao mesmo tempo que mostra as linhas de continuidade entre política e guerra. Uma não oferece a imagem refletida da outra, mas se colocam em um mesmo terreno e apontam para seus limites.

27 N. Maquiavel, "Prima Legazione al Valentino", 22-27 jun. 1502, in *Opere*, 1999, p. 624.
28 N. Maquiavel, "Terza Legazione in Francia", 20 jun-24 set. 1510, in *Opere*, 1999, p. 1257.

Os governantes de Florença apostavam numa complexificação crescente das ações e relações como forma de evitar os extremos. O que Maquiavel vê em seus encontros com o rei é que as ações de protelação não eram suficientes para impedir que se passasse do campo da política para o da guerra. Não bastava desejar frear o uso da força. Ela está sempre presente como possibilidade no horizonte das ações humanas e seu uso é regido não por um emaranhado de considerações a respeito da situação presente, ou mesmo sobre a natureza humana, mas pela lógica binária do amigo e do inimigo. Disso Maquiavel vai retirar mais tarde algumas máximas de seu pensamento. Naquele contexto, ele é levado a descobrir a ação que cabia num momento em que restavam apenas forças contrapostas e não mais um terreno no qual as discussões podiam preencher o terreno da política. Ele aconselha os florentinos a agir, pois, segundo ele, "com quem será seu inimigo [o rei] não fará acordo algum, senão com a espada. E nesses tempos é preciso decidir-se, sobretudo tendo em vista por experiência própria a rapidez do rei para ir à guerra, a força desse reino, de seus sucessos prósperos e da boa vontade com essa cidade e estado."[29]

Florença insistia na ideia de que poderia ganhar tempo, evitando com isso se colocar no centro do conflito entre a França e o do. Mas essa maneira de agir, que Maquiavel criticara em outras ocasiões, continuou a pilotar as ações da *Signoria*, mesmo diante do fato de que a situação da cidade piorava a olhos vistos. É possível hoje compreender que o dilema de Florença era insolúvel, que agir naquela situação contra o do ou abandonar a aliança com a França eram ambas ações ruinosas. Maquiavel não desconhecia o lugar delicado ocupado por sua cidade. Ao contrário, fora mandado para a França exatamente por conhecer profundamente a situação da política italiana.

---

[29] Ibid., p. 1258.

Por isso, não se deve imaginar que ele se colocava na posição do ator omnisciente, que diante da hesitação dos *Dieci* conhecia um caminho milagroso, capaz de tirar a cidade de uma armadilha que podia acabar significando sua ruína.

Naquela situação, Maquiavel experimentou os limites da política e do juízo político. Os limites da política são sua transformação em guerra. Nos sucessivos encontros com Rubertet e com o rei, ele foi sucessivamente exposto à lógica de um confronto que só parecia poder ser resolvido pelas armas. Rubertet, como relata Maquiavel em uma carta do dia 9 de agosto de 1510, dizia abertamente que só poderia confiar nos florentinos se "viessem com as armas na mão junto com eles."[30] É bastante provável que os franceses, conhecedores das fraquezas da República Florentina, soubessem que dificilmente a cidade poderia ajudá-los militarmente. O que estava em jogo, no entanto, era o fato de que nesses momentos a força é o elemento de união e de divisão dos diversos estados. Ciente disso, o secretário florentino adverte seus governantes de que, na eventualidade de uma guerra entre a França e o do, eles nada poderão fazer "sem declarar-se em favor de uma parte ou de outra."[31] Nos limites da política, a lógica do amigo e do inimigo fornece as balizas para as ações dos que procuram garantir sua existência ou expandir seus domínios, como fora o caso de César Bórgia anos antes.

Nesse campo polarizado, o juízo político cede o passo para a ação imediata. Não se tratava de dizer que se devia abandonar toda análise da situação, mas sim que não havia como fugir da decisão e da ação. Por isso Maquiavel aconselha os senhores de Florença a agir "sem esperar que os tempos venham empurrá-los e que a necessidade os constranja."[32] Nessa situação, diz ele, num

---

30 Ibid., p. 1288.
31 Ibid., p. 1289.
32 Idem.

tom que vai se repetir em seus escritos posteriores, é preciso lembrar que "a ocasião tem vida curta, convém que se resolva rapidamente."[33] Maquiavel tinha pouca esperança de que isso fosse acontecer, mas ele vivia então uma experiência que seria decisiva para seu pensamento maduro. Obrigado a negociar com um rei que tinha consciência de sua força e conhecia as fraquezas de Florença, ele descobriu uma maneira de pensar a política a partir de seus momentos-limite, que será fundamental para sua afirmação posterior de um saber sobre um território que ele aprendia a demarcar. Não se tratava de apostar no império da força, nem de fazer das ideias do amigo e do inimigo o parâmetro universal das relações políticas. O campo da política não pode ser resumido a um de seus elementos, mesmo o mais radical, mas também não pode ser pensado por meio de instrumentos teóricos que não possibilitavam a identificação de seus extremos e formas de estruturação. Sobretudo, Maquiavel fez a experiência de um mundo que não pode ser inteiramente compreendido sem se levar em conta que a ação e seu caráter imprevisível o constituem tanto quanto as forças da tradição e o exercício da palavra. O par conceitual *virtù-fortuna*, que tanta importância terá na filosofia do Secretário Florentino, pôde ser elaborado teoricamente porque nasceu de uma experiência direta das coisas da política e de seus limites. O contato com personagens importantes de seu tempo e o cotejo com a ação dos grandes homens do passado forneceram um terreno de observação essencial para a elaboração de novos conceitos sobre a política.

Por não universalizar abstratamente o elemento da força, (e mesmo conhecendo os limites de seus governantes),[34] Maquiavel pôde continuar a agir num contexto adverso e a emitir juízos políticos a partir de uma experiência que se mostrava frustrante.

---

33   Ibid., p. 1290.
34   F. Benevenuto, *Maquiavel e a figura do governante*, 2016.

No primeiro caso, ele procurou mostrar que, ao escolher um campo, em particular no caso da França, Florença podia esperar não apenas conservar sua liberdade, mas até mesmo expandir seus domínios na Toscana. Deixando de lado uma postura meramente defensiva, Maquiavel procurou mostrar que a guerra era também uma oportunidade e não apenas uma catástrofe.[35] Sabedor, no entanto, do caráter timorato dos florentinos, numa carta do dia 3 de agosto Maquiavel recomendou que Florença procurasse se colocar na posição do mediador, para não atrair a fúria de nenhum dos lados em conflito.[36] Sua proposta acabou não dando resultado prático algum, mas permitiu ao Secretário ter a experiência da união entre análise política e ação. Tendo feito a crítica aos que pensavam poder colocar o juízo político na frente da ação, ele paulatinamente passou das observações que fazia em suas missões para textos nos quais o aspecto teórico se impunha e mudava a amplitude de suas reflexões.

O último olhar sobre a França

Como resultado de suas missões na França, Maquiavel escreveu, logo depois de sua terceira visita, um texto que sintetiza e organiza suas análises anteriores. Trata-se do *Ritracto di Cose di Francia* [Retrato das coisas da França], escrito entre 1510 e 1511.[37] O escrito começa mostrando como a passagem da monarquia feudal, fundada no poder dos barões, para a monarquia unitária de Luiz XII fortaleceu o reino e o capacitou a expandir suas fronteiras e a assegurar a continuidade do poder dinástico.

---

35 N. Maquiavel, *Terza Legazione in Francia*, 20 giugno-24 settembre 1510, p. 1289.
36 Ibid., p. 1282.
37 N. Maquiavel, *Ritracto di Cose di Francia*, in *Opere*, 1997, p. 56-68.

O tema da unidade, que encontramos no final de *O Príncipe*, tem aqui uma primeira formulação, que aproxima o pensamento de Maquiavel da questão do surgimento dos Estados modernos. Se não podemos ligar Maquiavel ao tema da soberania unitária, tal como será desenvolvido por Hobbes, é certo que o estudo da França permitiu a ele colocar de maneira realista a questão das raízes do poder no contexto europeu de então. Tendo feito a experiência da força do reino francês, mas também de suas fraquezas, Maquiavel forjou um quadro de análise no interior do qual as razões da debilidade de sua própria cidade são expostas com uma visão ampliada do poder do reino francês. Por isso, ele pôde combinar observações sobre o caráter dos franceses, que segundo ele "são por natureza mais orgulhosos do que galhardos ou hábeis",[38] com observações finas sobre o papel do clero na estrutura social e política da França, que nada tem a ver com a questão religiosa. O que lhe interessava era descortinar o papel dos principais atores políticos, seus limites e possibilidades.

Uma leitura atenta do texto mostra que Maquiavel exercitou uma arte de exame da política que combinava afirmações de cunho geral com uma apurada análise das forças sociais e políticas presentes na cena. Nesse escrito, interessa-lhe mostrar como agem a nobreza e o clero, por exemplo, não a partir de suas particularidades, mas enquanto forças que estruturam o poder da monarquia francesa e por ele combatem. Ao mesmo tempo, ele coloca no mesmo plano o exame dos atores internos da cena pública francesa e o estudo das relações que a França sustenta com seus vizinhos. Essa análise se baseia tanto no estudo objetivo das forças militares e econômicas quanto naquele do "caráter dos franceses", que são mais "ávidos" do que os outros povos.[39] Ao combinar essas várias instâncias da vida

---

38 Ibid., p. 58.
39 Ibid., p. 60.

francesa, ele abriu as portas para pensar a linha que une a política e a guerra, analisando como os extremos da vida política ao mesmo tempo que a iluminam só são significativos por fazerem parte de um universo de forças em luta. Maquiavel une a descrição detalhada da estrutura do governo francês, de seu funcionamento hodierno, com um senso agudo da realidade. Durante sua estada na França, ele se entretinha com membros da Corte, mas também recebia correspondência de homens de negócio e banqueiros florentinos baseados em Lion. Na correspondência, eles pediam a Maquiavel que esclarecesse a situação de seus negócios depois que o rei havia proibido qualquer transação que envolvesse os interesses do papado. Dependentes da França, enquanto cidadãos da República Florentina, eles eram diretamente afetados pelos atos de seus governantes e pelas consequências de seus movimentos na cena diplomática.[40] Maquiavel tinha aberto um canal de comunicação que era ativo não somente porque ele representava sua pátria na ocasião, mas também porque tinha boas relações com homens como Bartolomeo Panciatichia, que faziam a ponte entre os mercadores de Florença, o Secretário da República e a *Signoria*.[41] O retrato que traçou da França não nasceu, portanto, de uma série de observações esparsas ou do gosto pelas generalizações. Maquiavel fazia a passagem para o nível dos conceitos ancorado num sólido conhecimento da política de seu tempo. Por isso, ele pôde descrever o funcionamento do governo francês e discutir o salário dos soldados e o orçamento da monarquia, que, diz ele, "não pude saber, pois perguntei a muitos e todos me disseram

---

40 N. Maquiavel, "I Banchieri fiorentini in Lione a Machiavelli", in *Opere*, 1999, p. 1301.
41 N. Maquiavel, "Bartolomeo Panciatichia a Niccolò Machiavelli", 24 ago. 1510, in *Opere*, 1999, in *Opere*, 1997, p.. 217.

que era tanto quanto desejasse o monarca."⁴² Sua filosofia política vai se tecendo ao longo dos anos pela combinação de um conjunto de informações, pela prática política e pela certeza que vai ganhado seu pensamento de que é possível construir um saber objetivo sobre a política, contrariamente à mentalidade dos florentinos de então, que procuravam viver o dia a dia como se nenhum nexo existisse entre os diversos acontecimentos que determinavam a vida da república.

Maquiavel ainda faria uma viagem à França em 1511. A situação da república era dramática. Florença havia permitido a alguns cardeais realizar um concílio em Pisa, na crença de que o Papa estivesse morrendo e de que isso agradaria ao rei francês. Como o Papa acabou sobrevivendo, mais uma vez a cidade ficou entre dois fogos. Como ocorrera em outras ocasiões, Soderini, o gonfaloneiro, enviou seu fiel secretário entre 10 de setembro e 4 de outubro para tentar convencer os cardeais e o rei francês de que era melhor renunciar ao concílio, a fim de evitar mais um atrito com a Igreja. Como sempre, a posição de Maquiavel era frágil, pois não tinha em mãos os instrumentos necessários para uma ação decisiva, embora contasse com o apoio de seu chefe, que se expressou nesses termos ao final de sua carta de instruções:

> *Não deves deixar passar qualquer ocasião que se apresente, oferecendo de nossa parte para isso todo empenho, toda obra e todo ofício que será possível, procurando compreender em que pé estão as coisas e as dificuldades encontradas não tanto para nos avisar, quanto para agir segundo o que lhe parecer necessário.*[43]

---

42 N. Maquiavel, *Ritracto di Cose di Francia*, p. 63.
43 N. Maquiavel, "Quarta Legazione in Francia", 10 set. 1510 – 4 out. 1511, in *Opere*, 1999, p. 1345.

De fato, sua missão era difícil, mas o governante de Florença acreditava que seu experiente funcionário poderia convencer Luiz XII a desistir de apoiar a reunião dos cardeais. Maquiavel encarou essa missão com entusiasmo, embora tivesse consciência de que as limitações de ação de sua cidade cresciam à medida que se agravavam os conflitos entre os diversos atores da cena italiana.

Dessa missão, dispomos de poucas cartas de próprio punho de Maquiavel, mas sabemos pelas cartas do embaixador florentino, Roberto Acciaiuoli, que a causa florentina gozava de pouca simpatia entre os franceses, sobretudo depois do longo histórico de falta de clareza da república em seus negócios com a França. Seja como for, as viagens de Maquiavel à França, ao longo de seus anos à frente da Segunda Chancelaria da República Florentina, permitiram-lhe tomar contato com um campo de atividades políticas que dificilmente teria se apresentado a ele se tivesse ficado confinado nos territórios italianos. Suas missões forneceram matéria para sua reflexão política, mostrando-lhe os fios de continuidade existentes entre a política interna, a política externa, a diplomacia e a guerra.

4. O aprendizado da força

No começo do século xvi, o pensamento político italiano passou por profundas mudanças que alterariam o quadro de referências conceituais dentro do qual se pensavam até então os acontecimentos políticos.[1] Acostumados a analisar a política a partir do cálculo racional das possibilidades de sucesso das ações, os diplomatas e homens políticos florentinos se mostraram perplexos com a presença, na cena pública, de atores tão impetuosos quanto imprevisíveis, como foi o caso de César Bórgia e do Papa Júlio II.[2] É nesse contexto que a ideia da força passou a ocupar um lugar diferente na mentalidade da época. Esse era um elemento que já fazia parte do universo mental dos atores políticos, mas era um fator entre outros e sobre o qual pouco se falava.[3]

Naquele momento, o equilíbrio entre fatores como a diplomacia, o direito e a força se rompeu em proveito desta última, tanto no tocante à política interna quanto no que dizia respeito às relações internacionais. Perplexos com os acontecimentos

1 F. Gilbert, *Machiavelli e Guicciardini*, 1970, p. 95-132.
2 Ibid., p. 111. Para um estudo da diplomacia florentina no século xv, ver: R. Fubini, *Italia quattrocentesca*, 2007. Uma primeira versão deste capítulo foi publicada em: N. Bignotto, "O aprendizado da força", in H. Adverse (org.), *Reflexões sobre Maquiavel. 500 anos de O Príncipe*, 2015, p. 87-108.
3 F. Gilbert, *Machiavelli e Guicciardini*, 1970, p. 114.

que haviam levado à invasão da Itália em 1494 e a posterior queda dos Médici, muitos florentinos passaram a considerar que era preciso reorganizar suas ferramentas conceituais para compreender um mundo que lhes escapava. Maquiavel experimentou de forma intensa essas mudanças em seus primeiros anos à frente da Secretaria de Governo. Os jovens foram os que mais facilmente abandonaram as referências teóricas anteriores, a fim de buscar na força o norte que poderia orientar seus juízos sobre as coisas da política.

Os jovens eram os profetas da força. A avaliação que eles faziam de sua importância na vida política estava radicada nos acontecimentos dos anos que antecederam o retorno dos Médici. A partir de 1494, a impotência italiana diante das invasões estrangeiras foi uma demonstração impressionante do papel decisivo que a força tinha na política.[4]

Essa inflexão da percepção do que constituía o núcleo da vida política acabou por simplificar o quadro das análises feitas por muitos florentinos no curso dos tumultuados anos que se seguiram à queda e depois ao retorno dos Médici a Florença, em 1512. A juventude, que se reunia nos Orti Oricellari, jardins da família Rucellai nos quais se discutia de tudo, da literatura à política, prolongou esse sentimento e passou a buscar desesperadamente meios para entender o que se passava, visando participar dos acontecimentos e fazer valer suas ideias.[5] Os próprios Médici, que em seu retorno ao domínio da cidade depois de 1512 simulavam tentar voltar à idade de ouro

---

4   Idem.
5   R. von Albertini, *Firenze dalla repubblica al principato*, 1970, p. 67-85; G. Silvano, *Vivere civile e governo misto a Firenze nel primo cinquecento*, 1985.

de Lourenço, o Magnífico, que no século anterior havia levado Florença a um grande desenvolvimento cultural e artístico, foram os primeiros a compreender que seu poder restaurado não podia mais se fiar apenas em seus apoios junto a algumas famílias aristocráticas. Nesse contexto, trataram de manter os mercenários espanhóis na cidade e em seus entornos, evitando que seus opositores republicanos, ou simplesmente aristocráticos, pudessem de fato ameaçar seu poder, como aliás tentaram fazer na conjuração de 1522.[6]

Nos intensos debates que se travaram na Itália daqueles anos iniciais do século XVI havia uma preocupação não apenas com o destino das cidades, mas também com o fato de que o humanismo do *quattrocento* não preparara os italianos para entender a tragédia que se abateu sobre eles, quando suas terras passaram a ser o campo de batalha das grandes potências europeias. Os humanistas perceberam que a maneira como as cidades italianas lidavam com o problema da guerra era inadaptada a situações nas quais as ameaças militares escapavam dos restritos limites das guerras locais entre principados e repúblicas.[7] Mas esses alertas tiveram, no curso do *quattrocento*, um significado mais político do que militar. Eles serviam para guiar o debate sobre a natureza das instituições republicanas e para expressar, com cores realistas, as críticas feitas aos desmandos dos grupos envolvidos nas disputas pelo poder nas cidades, os quais haviam assistido ao aparecimento de novas camadas sociais na cena pública.[8] A dimensão trágica da fragilidade italiana no domínio militar só apareceu quando potências como a França invadiram seu território e desorganizaram o equilíbrio precário

---

6   R. von Albertini, *Firenze dalla repubblica al principato*, 1970, p. 81.
7   C. C. Bayley, *War and society in Renaissance Florence*, 1961.
8   L. Martines, *Power and imagination. City-States in Renaissance Italy*, 1988, p. 45-61.

que havia assegurado alguma estabilidade às relações entre as cidades italianas na segunda metade do século xv.[9] O desespero diante de uma situação que era impossível de ser controlada com as armas mercenárias e com os procedimentos diplomáticos corriqueiros foi o pano de fundo para alçar a força ao posto de conceito central do pensamento político.

Essas são as balizas que nortearam Maquiavel em suas reflexões sobre o problema. Elas nos mostram que, contrariamente ao que afirma uma parte da crítica contemporânea, não havia nada de extravagante para um pensador da época em colocar a força no centro de seus esforços teóricos. Em alguma medida, era algo esperado. Nosso autor estava consciente desse fato quando falava com os dirigentes de Florença em sua correspondência e, mais tarde, com seus leitores. Toda a questão está em compreender o papel que o conceito de "força" tem em seu pensamento e qual sua gênese. Para continuar nosso percurso investigativo, vamos rastrear em escritos anteriores a *O Príncipe* o momento em que o problema aparece e se desenvolve.[10] Nosso primeiro porto serão os escritos dos primeiros tempos em que Maquiavel exerceu suas funções administrativas e que o levaram, como vimos, até a Corte de Caterina Sforza. O passo seguinte será estudar a primeira das duas "Legações ao Duque Valentino" realizadas no segundo semestre de 1502 e que contêm as primeiras análises nascidas da exposição de Maquiavel a um dos personagens centrais de sua época. No próximo capítulo, vamos voltar a esse personagem extraordinário. César Bórgia representou para muitos homens políticos e escritores de seu tempo o modelo do ator político que sabia se servir

---

9   R. Fubini, *Italia quattrocentesca*, 2007, p. 185-219.
10 Sobre a importância da noção de experiência na escrita maquiaveliana, ver: C. Varotti, "Une écriture fondée sur l'expérience", in M. Gaille-Nikodimov, T. Ménissier (org.), *Lectures de Machiavel*, 2006, p. 15-49.

da força para alcançar seus fins. Maquiavel não foi indiferente à sua sedução e ao caráter exemplar de suas ações.

A força como problema

Antes da catástrofe que atingiu a Itália, alterando a visão dos jovens sobre a política, o problema da força era abordado no ambiente humanista por meio do estudo do papel das milícias cidadãs e dos exércitos mercenários. Maquiavel se envolveu com essa questão tanto de forma teórica quanto prática no tempo em que serviu à República Florentina como segundo-secretário, como veremos mais à frente.[11] Contudo, seus referenciais teóricos não podiam mais ser aqueles de seus predecessores, pois a Itália estava envolvida em guerras que não permitiam hesitar diante de inimigos, que agiam sem complacência e lançavam mão de estratagemas que muitas vezes significavam a destruição das cidades. Naquele momento, Maquiavel aprendeu a julgar os perigos de uma empreitada estudando os meios militares disponíveis para os atores em conflito.

Posteriormente, nos capítulos iniciais de *O Príncipe*, foi por meio da análise da conduta de César Bórgia, seus sucessos e sua ruína depois da morte do pai, o Papa Alexandre VI, que ele mostrou como o domínio eficaz da força permitiu ao Duque Valentino assegurar por um tempo suas conquistas e derrotar seus adversários, para depois decair.[12] Leitores apressados viram, no elogio da conduta de César Bórgia, a adesão irrestrita de Maquiavel à ideia de que a força comanda, em última instância, as ações políticas. Sem saber, esses leitores aderem a um lugar-comum do pensamento político

---

[11] A. Guidi, *Un segretario militante. Politica, diplomazia e armi nel Cancellieri Machiavelli*, 2009, p. 159-381.
[12] N. Maquiavel, "Il Principe", in *Opere*, 1997, p. 134-139.

da época, segundo o qual a força é o conceito central de todo pensamento político, o que na verdade estava muito longe do pensamento do Secretário Florentino.

Isso fica claro quando, no décimo oitavo capítulo de *O Príncipe*, ele aborda o tema da força de um ponto de vista bem mais amplo do que aquele sugerido pelas análises anteriores. Nesse momento do texto, o debate com as teses caras aos "espelhos dos príncipes" (manuais medievais que guiavam os governantes na vida pública de maneira virtuosa) é central.[13] Maquiavel formula suas questões em termos amplos, que vão deixando de lado a tradição do pensamento político antigo e medieval. Aproveitando-se do fato de que a literatura com a qual dialogava costumava buscar generalizações capazes de guiar a compreensão das ações humanas em toda a sua extensão, ele avança em teses que têm um caráter polêmico, mas que nem por isso podiam ser facilmente descartadas por seus leitores. A força aparece associada não mais apenas às armas e a seu uso, embora esse aspecto esteja no horizonte das reflexões de nosso autor, mas como uma dimensão inescapável de toda luta pelo poder. Diz ele:

> *Vocês devem saber que existem duas maneiras de combater: uma com as leis, a outra com a força. A primeira é própria do homem, a segunda das bestas, mas, como com frequência a primeira não é suficiente, convém recorrer à segunda.*[14]

Maquiavel gostava de apresentar seus argumentos de maneira a contrariar o senso comum.[15] No caso presente, ele não nega

---

13 M. Senellart, *Les arts de gouverner. Du regimen medieval au concept de gouvernement*, 1995.
14 N. Maquiavel, "Il Principe", in *Opere*, 1997, p. 165.
15 F. Fedi, "L'argomentare per paradossi nei *Discorsi*: una proposta di lettura", in A. Fontana et al. (orgs.). *Langues et écritures de la republique et de la guerre*, 2005, p. 121-141.

que a luta com as armas das palavras seja a mais nobre, mas afirma que ela não esgota a cena política. "*É necessário a um príncipe saber bem usar a besta e o homem.*"[16] Fica claro que, contrariamente ao que pensavam os escritores cristãos, no plano da ação política não existe privilégio da lei na definição dos instrumentos a serem empregados para a conquista e manutenção do poder. Mas Maquiavel também não adere às teses segundo as quais a força é o centro da política. Se levarmos em conta que ele se preocupa com a relação entre a conquista e a manutenção do poder, sua tese é a de que, para se preservar, um príncipe deve alargar suas possibilidades de ação, e não reduzi--las a um dos elementos disponíveis para os atores políticos.

A força é, nessa lógica, parte integrante da política, mas não seu elemento único. Seu uso pode ser determinante num dado momento, mas desencadeia uma série de reações no plano da imagem que estão longe de ser anódinas para o governante. Por isso, seu uso demanda astúcia da parte do ator que dela se serve. Caso contrário, ele parecerá uma fera sem controle de suas próprias ações, sedenta do sangue de seus adversários, mas descuidada diante do impacto que uma cena violenta tem aos olhos dos homens. O uso da força sem o cálculo das resistências que ela provoca pode levar a um resultado contrário ao desejado pelo governante que dela se serviu. Na dinâmica do pensamento maquiaveliano, as considerações do capítulo citado servem para alargar os horizontes da análise política na medida em que demonstram que à lógica da força é preciso acrescentar uma política da imagem, para que não sejamos tragados pelas ilusões dos jovens florentinos do início do século xvi.

Erica Benner, influente estudiosa atual do pensamento de Maquiavel, afirma que existem dois sentidos para a palavra

---

16 N. Maquiavel, "Il Principe", in *Opere*, 1997, p. 166.

"força" em *O Príncipe*: "A palavra pode referir à compulsão física, ou à autoridade jurídica e ética exercida por meio de leis públicas autorizadas. Força no segundo sentido não é oposta à lei ou ao raciocínio persuasivo, mas depende deles."[17] Nessa interpretação, Savonarola foi considerado por Maquiavel um profeta desarmado não por não ter exércitos à sua disposição, mas porque "o tipo de crença que o povo tinha nas profecias de Savonarola era pouco sólido, infundado e, por isso, uma base instável para qualquer programa bem-ordenado de reformas." Nessa lógica, faltou-lhe capacidade persuasiva para transformar sua atuação em Florença em uma bem-sucedida política de criação de novas leis.

Essa leitura tem o mérito de chamar a atenção para o fato de que o problema da força não existe de forma isolada no pensamento do Secretário Florentino, mas termina por deixar na sombra a dimensão radical que o conceito tem em sua obra. Do ponto de vista histórico, parece-nos pouco razoável pensar que Maquiavel arrazoava que o profeta de Florença tinha baixo poder de persuasão.[18] Ao contrário, ele afirmava, em sua carta de 1498 para seu amigo Becchi em Roma, que Savonarola mantinha seu auditório sem fôlego, mesmo quando já era evidente que seu poder declinava e que ele estava sob o ataque das facções políticas adversas às suas ideias, mas também do papado.[19] Ao mesmo tempo, elimina a contraposição à qual fizemos alusão entre a força e as leis, que está no centro dos argumentos de nosso autor.[20]

---

17   E. Benner, *Machiavelli`s Ethics*, 2009, p. 431.
18   Ver, por exemplo: L. Martines, *Savonarola. Moralità e Politica nella Firenze del quattrocento*, 2006, p. 197-212.
19   N. Maquiavel, "Lettera, Nicollò Machiavelli a Ricciardo Becchi", in *Opere*, 1999, Tomo II, p. 5-8.
20   Essa abordagem do problema da força é solidária do argumento mais geral das análises da autora, que pretende mostrar que "Maquiavel tem um comprometimento ético muito claro e distinto." E. Benner, *Machiavelli's Ethics*, p. 6.

A intérprete aponta para a existência, em toda cidade, de uma dialética entre a força e a lei que constitui o terreno sobre o qual as disputas entre governantes e governados evolui. Ela obscurece, no entanto, o fato de que a força aponta para as fronteiras do agir humano e para o caráter irredutível da luta pela posse e pela manutenção do poder. Se é possível falar em preferência pelo uso de métodos racionais em política, nada parece indicar que Maquiavel pretendia em última instância reduzir o combate político ao terreno exclusivo das leis, como faria hoje um pensador político de inspiração liberal. Como nos lembra Lefort: "a política é uma forma de guerra." Mas é exatamente por isso que ela não pode se limitar apenas ao momento mais intenso do combate. Lefort afirma:

> *Essa guerra"*, *"obedece a imperativos particulares: ela não decorre da violência pura e o Príncipe não triunfa simplesmente porque ele é o mais forte, pois é preciso se manter, durar, coexistir com aqueles que ele domina, impor dia após dia sua autoridade, conter dia após dia as desordens nascentes.*[21]

Da mesma maneira, o Príncipe que acreditar poder conter seus súditos apenas pelas leis pode ser destruído por eles na primeira ocasião em que sentirem o desejo de mudar.

É esse ponto de vista que aparece quando estudamos o momento de aprendizado da política de nosso autor. Se nos interessássemos pela força apenas em sua dimensão violenta, talvez fosse o caso de limitar nossa investigação a um número restrito de cartas e documentos do jovem secretário da República de Florença. É enquanto um conceito da política que ela nos interessa. É em sua dialética com as outras armas da conservação que ela é central no pensamento de nosso autor. Foi a experiência direta entre 1498 e 1512 com atores políticos, os quais não hesitavam em recorrer a

---

[21] C. Lefort, *Le travail de l'oeuvre Machiavel*, 1972, p. 353.

meios violentos, que apontou o caminho teórico que terminaria por conceder à força um estatuto privilegiado no universo conceitual maquiaveliano. É em busca desse primeiro momento de encontro e avaliação do papel da força que vamos seguir adiante.

A política da força

Embora Maquiavel já fosse no início de sua carreira um fino observador da cena política italiana, suas primeiras missões enquanto membro da chancelaria florentina foram decisivas para a formação de seu pensamento, em especial no que diz respeito ao problema que nos interessa aqui. Desde a perda de Pisa causada pela covardia de Piero de Médici, que entregara várias fortalezas aos exércitos de Carlos VIII, recuperar a cidade foi uma obsessão dos florentinos, que lhes custou caro ao longo dos anos.[22] Foi como representante da *Signoria* que Maquiavel presenciou o cerco à cidade e o fracasso das forças reunidas para colocar um fim ao problema. Essa experiência está na origem de um dos primeiros textos de análise política feito por Maquiavel – *Discorso sopra Pisa* – e vai fazer com que ele seja indicado para participar de sua primeira missão diplomática no exterior.

Maquiavel escreve sobre a questão entre maio e junho de 1499. Para ele, reconquistar a cidade perdida era essencial para a conservação do regime republicano. Sua preocupação não dizia respeito, no entanto, apenas aos aspectos militares do problema, mas também à sua dimensão política. Pisa era um obstáculo no caminho da República Florentina, uma vez que sua resistência expunha as dificuldades de Florença em se afirmar no cenário da política italiana e garantir a sobrevivência de um regime que desafiava antigos e novos adversários.

---

22 A. Lee, *Machiavelli. His Life and Times*, 2021, p. 91-95.

O texto já tem as características da forma de analisar a situação política que será a marca registrada do autor em seus trabalhos maduros. Diante de uma situação concreta, ele procura delimitar o campo dos possíveis para depois apontar os caminhos que se oferecem para os envolvidos no problema. Raciocinando sobre os meios para a reconquista da cidade rebelde, Maquiavel afirma: "eles me parecem ser ou a força ou o amor, ou recuperá-la por assédio, ou que ela se entregue voluntariamente."[23] Ele examina então as duas possibilidades. *A priori*, considera que a entrega voluntária de Pisa seria o melhor caminho. Mas essa hipótese tem de ser analisada à luz dos acontecimentos recentes, em particular do fato de que Veneza, depois de ter protegido a cidade rebelada, simplesmente a abandonou. Isso fazia com que os habitantes de Pisa fossem muito resistentes à ideia de mais uma vez entregarem seu destino nas mãos dos florentinos. Assim, conclui Maquiavel: "por essas razões não se vê outra via para recuperar Pisa sem o uso da força."[24]

Vemos, portanto, que, para o nosso autor, as primeiras experiências no tabuleiro da política italiana, não o conduziram a afirmar ser a força o meio essencial de toda ação política, o conduzem a pensá-la como uma possibilidade dentre outras. Dependendo do caso, seu uso pode se revelar contraproducente, pois implica o aumento das tensões, como foi o caso de Pisa, e não a solução dos conflitos. Mais importante, no entanto, do que a constatação de que o uso da força é apenas uma das alternativas diante de um problema qualquer é o fato de que sua utilização não reduz o campo das operações políticas, mas o torna ainda mais complexo. Por isso, depois de ter aconselhado seus concidadãos a recorrer à guerra, ele adverte: "Sendo, pois,

---

23 N. Maquiavel, "Discorso sopra Pisa", in *Opere*, 1997, p. 3.
24 Ibid., p. 4.

necessária a força, parece-me que se deve considerar se é bom ou não usá-la nesses tempos."[25]

Maquiavel não afirma, portanto, à luz de suas primeiras experiências, que a força é o operador universal da política. Longe do fascínio por esse caminho que encantava os jovens de sua geração, ele procurou desde cedo descobrir os meandros de uma atividade que não parecia poder ser aprisionada nas malhas de apenas um de seus termos. A experiência no terreno da política exterior vai confirmar a fecundidade da via que ele esboçou em seus primeiros escritos.

* * *

Em 18 de julho de 1499, a Signoria mandou instruções para que Maquiavel e Francesco Della Casa se dirigissem a Lion para encontrar a Corte do rei Luiz XII, que estava descontente com a maneira como Florença conduzia o problema de Pisa e com o não pagamento dos mercenários suíços, a soldo da cidade. Já tivemos ocasião de ver como as viagens à França foram importantes na formação do pensamento maquiaveliano. Vamos retornar à sua primeira missão junto aos franceses para explorar o aparecimento em seu vocabulário de um novo significado para "força".

Como vimos, as primeiras impressões de nosso autor foram a de um fracasso total da tradicional estratégia florentina de tentar resolver os problemas políticos "ganhando tempo." Essa percepção inicial vai acompanhar Maquiavel ao longo dos meses durante os quais ele acompanhou a Corte francesa em sua contínua peregrinação. Ela foi reforçada pelos constantes atritos com o cardeal de Rouen, verdadeiro braço direito de Luiz XII, que expressava sem ambiguidade seu desprezo pelos procedimentos florentinos. No segundo semestre de 1499, ele aprendeu

25 Idem.

o efeito que a força produz nas relações políticas, quando ela pode ser considerada o elemento preponderante. Florença se via numa situação difícil; seu território estava sendo ameaçado e ela dependia inteiramente do apoio francês para sobreviver. Nesse caso, ficava evidente que o elemento central era a força e a possibilidade de recorrer a ela em todas as ocasiões. O que faltara à sua cidade diante de Pisa parecia abundar nas relações com a França, que não se importava em ofender seu interlocutor, ciente de que ele não poderia reagir à altura.

Para Maquiavel, não havia dúvidas de que o comportamento de seus interlocutores era determinado pelo cálculo da força. A questão, portanto, não estava em negar a importância desse elemento na situação analisada, mas em tentar conhecer os limites da aplicação desse critério no entendimento da política. Ao fato objetivo da superioridade militar era preciso acrescentar o estudo das consequências da crença na importância do emprego de meios violentos na cena política. Naquela ocasião, ele fez a experiência direta da força. Mesmo consciente dos elementos objetivos da situação, não fez deles o operador universal do juízo político. Sem pretender reduzir a política a um de seus elementos, ele procurou entender os efeitos da preponderância de um fator tão importante quanto a superioridade militar no cenário político de seu tempo.

Isso fica mais claro quando Maquiavel faz o balanço da maneira como a posse dos meios altera o juízo dos atores políticos diante das circunstâncias que os cercam. A presença objetiva da força altera os juízos que seus interlocutores emitem: "cegos como estão por sua potência e o ganho imediato, não estimando senão aqueles que possuem armas ou podem pagá-las."[26] Os franceses, no lugar de aumentar sua capacidade de agir pelo fato de serem os mais fortes, perdiam-se no mito da própria força. Fator objetivo, ela se converte num elemento de fraqueza quando os conduz a avaliar

---

26 Ibid., p. 443.

toda situação a partir de apenas um dos elementos presentes. Assim como a diplomacia florentina experimentava seus limites ao se confrontar com um ator que não temia ser pressionado pela cidade, os franceses perdiam de vista a importância do juízo político para a boa condução da guerra. Encantados com a superioridade de seus exércitos, transformavam em fraqueza o que poderia ser o fator de sucesso em sua política de conquista.

Anos mais tarde, Maquiavel fará em *O Príncipe* o balanço dos erros cometidos por Luiz XII em sua empreitada italiana. Dentre os fatores que contribuíram para sua derrota, ele lista o fato de o rei francês ter contribuído para o acréscimo da potência de um ator que já era potentíssimo – o Papa Alexandre VI – e de ter deixado de apoiar seu primeiros e temerosos aliados, Florença entre eles.[27] A força não oferece, portanto, um ponto de vista a partir do qual todos os juízos políticos podem ser enunciados. Ela é parte essencial, mas seu uso não reduz o cenário político a alguns poucos elementos, transforma-o, modificando as condições iniciais da ação. O uso da força não expulsa a política da cena – ao contrário, ele a traz para o centro. Essa foi a lição que Maquiavel recebeu em suas primeiras andanças pelo mundo.

A força da política: o encontro com César Bórgia

O aprendizado da força terá um segundo tempo forte no aprendizado de Maquiavel por ocasião daquele que será um personagem essencial de sua obra: César Bórgia. Em 1502, o Duque estava no auge de seu poder e ameaçava ocupar toda a região central da Itália. Novamente, Florença dependia do apoio francês para escapar das ameaças cada vez mais explícitas que pairavam sobre seus territórios. Diante de uma

---

27 N. Maquiavel, Il Principe, in *Opere*, 1997, p. 126.

situação que parecia irremediável, apenas as forças externas barravam as pretensões expansionistas do Duque. É nesse contexto que Maquiavel foi enviado com Francesco Soderini para sua primeira missão junto daquele que se transformara no personagem central da política italiana.[28] Com os franceses, ele havia feito a experiência dos efeitos, no plano da política, da preponderância da força. César Bórgia lhe dará a ocasião de observar um agente político cuja ação transcorria num ambiente de grande risco. O Duque era um bom comandante de tropas e havia conseguido algumas conquistas efetivas, mas nada que o transformasse numa verdadeira potência militar. Suas ações visavam ampliar seus domínios, mas também colocavam em perigo as posições conquistadas. Maquiavel relata que logo no primeiro encontro ele pudera ver a face mais agressiva do *condottiero*. Nota que o Duque, tendo conquistado Camerino de forma fulgurante, parecia ter adotado um caminho totalmente diverso daquele habitual de sua cidade, que em cada ocasião acreditava que dilatar o tempo da ação é sempre o caminho mais seguro.[29] Para evitar os riscos de uma ação militar de longa duração, que talvez ele não pudesse sustentar, o Valentino se lançou numa empreitada veloz que fez da surpresa a maior arma de seu arsenal. Maquiavel elogia esse estratagema, afirmando que "essa vitória está inteiramente fundada na prudência desse senhor."[30] O elogio não se dirige apenas a uma qualidade militar, mas à combinação dessa com o discernimento quanto às circunstâncias, que ele chama de "prudência." O encontro com o Duque expôs nosso autor a uma forma de economia da força.

---

28 A. Lee, *Machiavelli. His Life and Times*, 2012, p. 157-184.
29 N. Maquiavel, "Prima Legazione al Valentino", in *Opere*, 1999, p. 619. Algumas cartas dessa primeira missão são assinadas por Soderini, embora hoje seja claro que foram escritas por Maquiavel, e como tal são analisadas aqui.
30 Idem.

Ao invés de sugerir sua dominância na estratégia de conquista conduzida por ele, parece ocupar um lugar importante, mas não absoluto, num jogo complexo de movimentação na cena italiana. O encontro decisivo entre Maquiavel e o Valentino ocorreu alguns dias depois e é narrado em carta do dia 26 de junho de 1502. Nela, o Duque afirmou sua qualidade de ator político hábil e voluntarioso. Diante de interlocutores fascinados por suas ações, ele demonstrou saber manejar a retórica tanto quanto as armas. Protestando "o desejo de estar sempre bem unido" com Florença, observa que a cidade o trata "como um assassino."[31] Dessa posição, ele parte para um ataque retórico de grande intensidade. Diante de interlocutores perplexos, afirma: "Eu lhes direi em poucas palavras: esse governo não me agrada e nele não posso confiar; é necessário que o mudem e passem a observar o que me foi prometido."[32] César Bórgia ameaça Florença com as armas, mas elas comparecem como imagem, e não como força. Seria ingênuo acreditar que ele de fato pensava poder mudar o governo de Florença. Ao mesmo tempo, sabia que este era o grande medo da cidade: que seus inimigos fossem ajudados por alguém potente o suficiente para transformar o precário equilíbrio de forças que a sustentava no cenário italiano.

Ao exacerbar o jogo retórico, César Bórgia abre as portas para expor o fundo de sua concepção da política. O recurso à imagem da força, mas não seu emprego imediato, permite-lhe chegar a uma conclusão próxima das formulações de Carl Schmitt, pensador político do começo do século xx: "E se não me querem como amigo, me experimentarão como inimigo."[33] Para o jurista alemão, a política internacional se define pela contraposição entre o amigo e o inimigo. Em sua configuração extrema, ela sempre

31 Ibid., Carta de 26 de junho de 1502, p. 622.
32 Ibid., p. 624.
33 Idem.

leva em conta a possibilidade do conflito armado, mesmo quando no começo de uma disputa ele não pareça estar no horizonte dos oponentes.³⁴ No mesmo sentido, a possibilidade do conflito para César Bórgia permite pensar a situação política em sua face extrema. Diante de qualquer impasse nas conversações com outros agentes políticos, o Valentino insistia em caracterizar a oposição entre as partes a partir da ideia radical, que ele não hesita em repetir: "*é necessário que sejam meus amigos ou meus inimigos*." A guerra é o extremo da política, mas nem por isso pertence a outra esfera da ação humana. Ao dizer que Florença deve optar por um dos extremos, ele não está reduzindo seu campo de ação a um confronto inevitável ou a uma amizade sem falhas. Embora tivesse a possibilidade de agir pela força, César Bórgia sabia que não estava livre para empregá-la quando quisesse. Ele nem mesmo sabia se atacando uma cidade como Florença obteria resultados favoráveis, uma vez que a cidade tinha recursos materiais superiores àqueles das pequenas cidades que conquistara até então. Florença ainda contava com a proteção francesa, o que não era de se desprezar naquele contexto. A força comparecia aqui não apenas como um elemento material a determinar as relações políticas, mas também como um elemento simbólico.

Maquiavel será o primeiro a compreender a natureza extraordinária da posição ocupada pelo Duque. Observando seu jogo de palavras, o Secretário Florentino descortina as possibilidades teóricas contidas na oposição radical entre amigo e inimigo que se repete ao longo do encontro, uma vez que o Duque encerra sua fala mais uma vez dizendo: "E se não forem amigos, gostaria de ser inimigo abertamente."³⁵ As palavras são do Valentino. Ele as pronuncia por descortinar na separação do campo da política entre dois extremos uma possibilidade analítica, mas também

---

34 B. Ferreira, *O risco do político*, 2004, p. 37-64.
35 N. Maquiavel, *Prima Legazione al Valentino*, p. 628.

uma forma de ação. Fazendo da força um instrumento ao mesmo tempo material e simbólico, Maquiavel descobre o erro dos jovens que queriam ver em figuras como o Duque uma expressão da redução da política a apenas um de seus elementos. É nesse contexto que ele fez o primeiro elogio desse personagem que vai acompanhá-lo por toda a vida: "Esse senhor é muito esplêndido e magnífico. Nas armas tem tanto ânimo, que não há coisas grandes que não lhes pareça pequenas. Pela glória de conquistar nunca se repousa, nem conhece fadiga ou perigo."[36]

Essas primeiras missões permitem a Maquiavel apreender a força em duas dimensões. No plano diplomático, ele observa que ela aparece sempre misturada com a retórica e a imaginação. Disso ele procurou se servir quando representou sua cidade em vários momentos de sua carreira de funcionário público. Em seu encontro com César Bórgia, as coisas foram diferentes. Num primeiro momento, ele ficou fascinado com a maneira como o Duque conduzia suas ações militares. Ao longo de sua vida, Maquiavel repetiu sua admiração pelos grandes comandantes e sua capacidade de mudar o destino dos corpos políticos por meio de ações vigorosas e intrépidas. Mas não é apenas isso que Valentino o ensinou com sua conduta. Ao receber os enviados de Florença e com eles travar um diálogo, que pretendia ser franco, ele demonstrou, para nosso autor, que a diplomacia é uma acompanhante necessária da guerra, a qual não pode nunca ser ganha, como pareciam acreditar os franceses, somente pelo emprego contínuo da força.

Essa constatação permitiu a Maquiavel analisar uma segunda dimensão da força. Fora do campo de batalhas, ela dá origem sempre a um combate com as palavras e, por isso, não pode ser tomada como um elemento absoluto da política. O elogio que ele faz ao Duque deve, portanto, ser entendido como aquilo que ele mais tarde chamará de *virtù*. Não se trata de louvar as habilidades militares

---

36 Ibid., p. 627.

do Valentino, o que ele fazia, mas de ver como se valia delas para expandir as fronteiras de seus domínios muito além dos pequenos territórios que conquistara. Florença não podia ser tomada, como ele fizera com Camerino, mas não ficava fora de seu raio de ação exatamente porque ele não agia apenas no plano militar. Forçar o jogo retórico até os limites da ruptura era sua maneira de alargar os efeitos da força para além das ações militares.

Essa capacidade fazia do Duque um ator político admirável, mas era preciso acrescentar que isso o transformava em alguém "vitorioso e formidável ao que deve se acrescer uma fortuna perpétua."[37] Ora, a menção à boa fortuna do conquistador nuançava ainda mais a interpretação de suas habilidades militares e do significado de seu recurso à força. De um lado, havia o fato de que o elogio de suas capacidades militares não continha o campo inteiro dos possíveis, que Maquiavel designaria como *virtù*; de outro lado, a presença da boa *fortuna* parecia indicar que a força nunca é um elemento decisivo e autônomo nos destinos de um homem de ação. Ela é ao mesmo tempo decisiva e limitada. Essencial em momentos cruciais, perde sua importância quando se trata de fazer durar uma conquista.

Vamos voltar a analisar a relação do pensador com o ator político no próximo capítulo. Por enquanto, devemos registrar que o primeiro encontro com César Bórgia, a despeito de conduzir Maquiavel ao fascínio dos jovens de seu tempo com a possibilidade de compreender o mundo à sua volta a partir de apenas um de seus elementos, o fez abrir as fronteiras de suas investigações teóricas abrigando temas como *virtù* (a capacidade de agir na cena pública) e *fortuna*. O aprendizado da força é, portanto, o aprendizado da política e de suas múltiplas veredas. Nesse sentido, ele é o ponto de partida, necessário mas não suficiente, de uma obra que vai explorar as complexidades inerentes da ação política em todas as suas expressões.

37   Idem.

5. Maquiavel e César Bórgia: o aprendizado da política

Poucos capítulos de *O Príncipe* contribuíram tanto para a fama póstuma de Maquiavel quanto o VII, no qual ele trata do surgimento dos principados novos e faz de César Bórgia seu herói. A figura do Duque Valentino serviu ao longo dos séculos tanto como modelo a ser imitado quanto como exemplo do caráter imoral e perigoso de certos atores políticos que não conhecem limites em suas ações.[1] Muitos escritores se serviram da tipologia criada por Maquiavel, em particular a figura do "príncipe novo", como ponto de partida para a análise de sua obra.[2] Alguns fizeram dos príncipes, que se alçam no cenário político à custa de seus talentos pessoais e da capacidade de saber se aproveitar das circunstâncias, o verdadeiro objeto de reflexão que teria sido criado por Maquiavel. Numa outra direção, é lembrado que o humanismo renascentista elaborou uma "verdadeira gramática elementar do heroico e do glorioso", apontando César Bórgia como o modelo do novo herói surgido na esteira do elogio do passado e da busca por um mundo diferente daquele da Idade Média.[3]

---

1 G. Procacci, *Machiavelli nella cultura europea dell'età moderna*, 1995.
2 J. G. A. Pocock, *O momento maquiaveliano*, 2021, p. 189-191.
3 G. M. Anselmi, "Machiavelli, I Borgia e le Romagne", in J.-J. Marchand (org.), *Machiavelli senza i Médici*, 2006, p. 221.

Se tomarmos como objeto apenas o capítulo VII de *O Príncipe*, veremos que ele tem como propósito concluir o estudo das diversas formas de conquista e manutenção do poder que se iniciara no capítulo II com a análise dos principados herdados, os quais, segundo Maquiavel, desafiam pouco os estudiosos da política. O caso analisado no sétimo capítulo é aquele dos principados adquiridos com a ajuda de forças alheias e da fortuna – o que, adverte Maquiavel, "são duas coisas volúveis e instáveis".[4] De forma simplificada, podemos dizer que nosso autor se preocupa menos em fazer o elogio do Duque, embora não deixe de fazê-lo, do que em estruturar a análise de uma das possibilidades mais complexas da relação entre fortuna e *virtù*, justamente aquela na qual a preponderância dos elementos contingenciais torna toda ação política mais difícil e imprevisível.

Uma parcela importante dos estudiosos da obra de Maquiavel parte dessas questões para tentar entender alguns dos pontos centrais de seu pensamento. Essa maneira de proceder parece-nos coerente com o próprio texto, que faz do estudo das ações do Duque um ponto de chegada de uma trajetória analítica que pretende expor um quadro amplo das possibilidades de ação quando se trata de pensar a conquista do poder. Esses primeiros capítulos contêm um dos pontos fortes da tentativa maquiaveliana de oferecer ao leitor uma nova teoria da política. O propósito de Maquiavel não foi o de fazer o elogio do comportamento de um ator político específico. César Bórgia interessa porque fornece a base para uma reflexão sobre a relação entre a *fortuna* e a *virtù*, par conceitual fundamental no pensamento maquiaveliano na medida em que coloca em cena a capacidade de ação dos homens e o fato de que ela é diretamente afetada pela contingência, interferindo em toda a história humana. Seu propósito também não é o de apresentar um caso exemplar de

---

4   N. Maquiavel, "Il príncipe", in *Opere*, 1997, p. 134.

comportamento imoral que deveria servir de modelo para todo e qualquer ator político, como pretenderam muitos de seus críticos. Em outros termos, acreditamos que a escrita de Maquiavel em *O Príncipe* tem um claro propósito conceitual que desautoriza qualquer interpretação que aproximaria o estudo de César Bórgia de algo como os tipos ideias weberianos, figuras modelares que nos ajudariam a compreender a delicada constituição do terreno da ação política. Se de fato ele constrói uma tipologia nos primeiros capítulos de sua obra, ela está calcada nas formas políticas, e não nos atores individuais. Como afirma com toda clareza: "Quero, de uma das duas maneiras de se tornar príncipe, ou pela *virtù* ou pela *fortuna*, trazer dois exemplos de recente memória: o de Francesco Sforza e o de César Bórgia."[5]

Os dois atores são, portanto, "exemplos" que servem para conduzir o leitor ao núcleo de suas preocupações teóricas, ou seja, elucidar um dos caminhos possíveis para a conquista do poder. Ambos são parte da "experiência das coisas modernas", que, ao lado daquelas antigas, obtidas por meio da leitura dos clássicos, fornece a base sobre a qual se apoiam as reflexões de Maquiavel, como já mostramos.[6] Dizendo em outros termos, *O Príncipe* é resultado de uma experiência política concreta, de uma frequentação da cultura clássica, mas é um escrito com pretensões teóricas abrangentes e conscientes. Como diz Maquiavel já na dedicatória, não há nada que ele preze mais do que "o conhecimento das ações dos grandes homens."[7] Aceito o estatuto teórico da escrita de *O Príncipe*, resta o problema de sua gênese. Em particular, resta esclarecer de que maneira o "exemplo" de César Bórgia foi construído por Maquiavel ao longo de sua "experiência das coisas modernas."

5 Idem.
6 Ibid., p. 117.
7 Idem.

O encontro

Desde os grandes estudiosos do Renascimento do século XIX,[8] passando pelos biógrafos mais respeitados de Maquiavel[9] e por intérpretes dos mais variados matizes,[10] tornou-se um lugar-comum entre os pesquisadores do Renascimento a afirmação de que os encontros entre os dois homens, ocorridos em 1502, foram fundamentais para a formação das ideias do funcionário de Florença. A importância desses encontros foi de tal maneira realçada, que um leitor acurado das obras do florentino e grande conhecedor de seu pensamento chegou a dedicar um livro só à relação entre os dois.[11] Na primeira metade do século passado, talvez devido à influência do Idealismo alemão do século XIX sobre a filosofia italiana, alguns estudiosos tenderam a buscar nos anos de formação e na relação do Secretário com o Duque o que chamaram de "a evolução espiritual de Maquiavel."[12] Federico Chabod, em particular, abandonando as considerações de ordem biográfica, procurava apreender o caminho de constituição dos conceitos que mais tarde estarão no centro de suas obras da maturidade.

Assim, ele não se ocupou tanto com a "impressão" causada em Maquiavel pelo encontro com um personagem cuja personalidade era sumamente interessante, mas com mostrar que há uma mudança progressiva no tom dos escritos do Secretário Florentino, que se torna "mais franco e direto."[13] O intérprete

8 O. Tommasini, *La vita e gli scritti di Niccolo Machiavelli, nella loro relazione col machiavellismo*, 1883-1911.
9 R. Ridolfi, *Vita di Niccolo Machiavelli*, 1954.
10 M. Viroli, *Il sorriso di Niccolò. Storia di Machiavelli*, 1998; C. Vivanti, *Niccolò Machiavelli. I tempi della politica*, 2008.
11 G. Sasso, *Machiavelli e Cesare Borgia. Storia di un giudizio*, 1966.
12 F. Chabod, *Scritti su Machiavelli*, 1982, p. 295.
13 Ibid., p. 298.

mostra que se tece naquela ocasião o procedimento teórico que mais tarde estará no centro de seu pensamento. Ou seja, na ótica do estudioso, Maquiavel abandona a simples menção dos fatos cotidianos para buscar "em um evento determinado as grandes normas, universais, do agir político, válidas em qualquer tempo."[14] Até hoje, os que se preocupam com a gênese da filosofia política maquiaveliana não hesitam em afirmar que o encontro com César Bórgia foi "a experiência mais significativa e mais estimulante para sua [de Maquiavel] formação teórica."[15]

A escrita do presente

Não há nada de errado com essa maneira de abordar o problema da relação de Maquiavel com um dos personagens centrais de sua obra. De fato, tudo leva a crer que seus encontros foram momentos importantes de sua carreira como funcionário público, como mostramos no capítulo anterior. Eles constituíram parte do patrimônio de conhecimento que ele acreditava poder mobilizar quando ofereceu seu livro aos novos governantes de Florença anos depois, em 1513. Mas essa abordagem está longe de esclarecer os vínculos existentes entre sua "experiência política" e seus esforços teóricos posteriores. É preciso se abrir para outras possibilidades de análise, a fim de não corrermos o risco de cair no anedótico ou na mitologia da criação de um herói moderno pelo pensador que botou abaixo a filosofia política clássica.

De maneira geral, os escritos que buscam as origens de *O Príncipe* nas experiências vividas pelo autor na primeira década do século xv consideram que elas foram sobretudo a matéria-prima para as elaborações teóricas contidas na obra madura.

14   Ibid., p. 300.
15   A. Tafuro, *La formazione di Niccolò Machiavelli*, 2004.

Ao proceder dessa maneira, desqualificam-se os textos do período anterior à queda da República Florentina em 1512, submetendo-os à lógica de uma gênese conceitual marcada por uma espécie de cadeia causal interna ao desenvolvimento do pensamento do autor. Sem entrar no mérito desse procedimento metodológico, podemos dizer que, para um bom número de intérpretes, o verdadeiro objeto de investigação é o texto de 1513, e não os documentos do período anterior, mesmo ao analisar o encontro de Maquiavel com personagens políticos importantes de sua época.

Ora, é evidente que *O Príncipe* se alimenta das experiências de Maquiavel à frente da chancelaria, mas nada impede de lê-los, como estamos fazendo, tendo como referência os eventos aos quais estão conectados, e não como preparação de um texto futuro. Nosso autor não escrevia seus relatos diplomáticos, suas cartas e mesmo suas reflexões pensando em uma obra futura. Ele não era um pensador profissional construindo seu caminho no seio de uma instituição de ensino e pesquisa. Ele redigia em função das demandas do momento, da necessidade de informar seus concidadãos, ao mesmo tempo que buscava compreender o que ocorria, deixando para trás as convicções de seu meio e mesmo de seus amigos. Nesse sentido, seus escritos foram para ele uma experiência que não se reduzia ao conhecimento direto dos atores envolvidos na cena política italiana e europeia. Em alguma medida, essa experiência não precisaria ter sido narrada para ajudá-lo a compor sua obra posterior. Maquiavel poderia perfeitamente acumular vivências e refletir depois sobre elas, sem que para isso tivesse de passar pelo registro escrito do vivido. O que nos interessa, como já tivemos ocasião de dizer, diferentemente de muitos intérpretes atuais, não é fazer a relação entre os trabalhos que ele escreveu como funcionário da República e os conceitos de *O Príncipe* e de outros escritos. O que nos motiva é descobrir a experiência de Maquiavel diante do fato presente e o desafio de transformar o vivido em nova linguagem da política.

Quando Maquiavel fala da experiência das coisas modernas, ele se refere a várias camadas de contato com o real. Não foi apenas a experiência de certa proximidade com a política, ou o fato de tê-la vivido da perspectiva dos grandes atores de seu tempo. A vivência direta dos fatos, não cria uma superfície sem profundidade à qual o analista deve se remeter sempre que desejar falar de seu tempo, multiplica os desafios e faz ver que não há uma apreensão direta da ação de homens e mulheres, que seria pautada pela proximidade maior ou menor dos acontecimentos. Para Maquiavel, não existe algo como um império dos fatos com o qual sonham tantos pensadores políticos de nossos dias, mas um mundo de grande complexidade que não pode ser entendido apenas em sua superfície, na suposição de que o presente desvela o ser da política para os que o veem de perto. Diante da realidade crua da ação, é mister saber em que linguagem ela pode ser narrada e compreendida pelos outros atores políticos. A novidade, portanto, está no fato de que Maquiavel compreendia ao mesmo tempo a separação que existe entre a ação e a palavra e a necessidade de transportar a ação para a linguagem de forma a poder nela interferir, sob pena de negar qualquer espaço comum entre a reflexão e a ação. Em outras palavras, é o aprendizado da política que nos interessa e o processo de maturação lenta e complexa de conceitos como os de *força, virtù, fortuna* etc.

Vamos continuar nossa caminhada estudando alguns documentos referentes à Segunda Legação a César Bórgia. No capítulo anterior, procuramos mostrar como os poucos dias em que Maquiavel esteve junto ao Duque no mês de junho de 1502 foram essenciais para sua iniciação ao problema da relação entre força e política. Tomando como referência a missão de Maquiavel junto a César Bórgia de 5 de outubro de 1502 a 21 de janeiro de 1503, vamos explorar três temas: os limites do discurso político, a questão do silêncio dos atores e a relação entre ação e justificação. Todos têm como referência o problema da relação entre linguagem e ação no campo da política.

Como falar aos florentinos

Maquiavel recebeu as instruções da *Signoria* para partir novamente à Corte de César Bórgia no dia 5 de outubro de 1502. Piero Soderini havia sido escolhido *gonfaloneiro* perpétuo no dia 22 de setembro, cargo que lhe garantia a posse efetiva do poder de decisão da república, e isso nos leva a crer que o Secretário partia valorizado para sua missão, uma vez que era próximo da família do novo governante de Florença e havia saudado a eleição recente, que parecia poder colocar um fim às constantes desavenças entre os vários grupos políticos que se digladiavam na cena pública. Em que pese suas relações pessoais com Soderini, Maquiavel viajou na condição de mero funcionário, sem nenhuma regalia e sem os poderes de um verdadeiro embaixador. A *Signoria* admitia seus conhecimentos, pois diz na carta que ele podia expor a posição de Florença, "amplificando a fala sobre as diversas circunstâncias dessa matéria, as quais não é preciso dizer-te por estar muitíssimo bem-informado sobre elas." Em contrapartida, os governantes queriam que ele os informasse sobre os movimentos do Duque e que, se possível, negociasse algumas vantagens para os mercadores da cidade, que são seu "estômago" e sua força motora.[16]

Maquiavel não se colocava nessas ocasiões no lugar do filósofo, que quer esclarecer os outros, mas como alguém que se

---

16 N. Maquiavel, "Seconda legazione al Valentino", in *Opere*, 1999, vol. 2, carta do dia 5 de outubro, p. 627.

interessa pela política de seu tempo e que tem na ação seu horizonte último. A teoria, tal como nós a compreendemos, não está no seu campo imediato naquele momento; ela é o que lhe restará quando anos mais tarde tiver sido privado de suas funções junto aos órgãos de governo de sua cidade. Naquele momento ele queria agir e influenciar seus concidadãos.

Maquiavel é recebido pelo Duque quando ainda estava com roupas de viagem. Se na primeira viagem que fizera ele se viu diante de alguém que tinha na força o parâmetro de suas ações, agora ele está diante de um governante que tivera sua posição de poder no centro da Itália solapada pela liga que se formara entre seus antigos aliados. César Bórgia sabia que seu comportamento anterior, quando ameaçara a cidade de Florença, havia irritado seus governantes. Por isso, ao mesmo tempo que joga a culpa sobre seus novos desafetos pelas tensões anteriores, reclama repetidas vezes a amizade de Florença.[17] Maquiavel revela, no final de sua carta do dia 8 de outubro, o lugar que pretende ocupar. "Eu ouvi sua Excelência atentamente sobre as coisas ditas acima, sobre as quais digo não somente o efeito que tiveram, mas as palavras exatas que foram proferidas, as quais reporto largamente."[18]

Esse era o procedimento que se esperava de um funcionário zeloso e que correspondia à objetividade de um escrito diplomático, tal como era compreendido à época.[19] O correr do mês de outubro vai mostrar a limitação do horizonte de ação de Maquiavel, quando se tem em mente que o destino de sua cidade estava sendo jogado naquele momento. Isso fica claro na correspondência trocada nos dias seguintes com a *Signoria*. Maquiavel percebe a urgência da situação, os riscos do

---

17 Ibid., p. 631.
18 Ibid., p. 633.
19 Sobre a questão da diplomacia no período, ver: G. Mattingly, *Renaissance Diplomacy*, 2008.

imobilismo dos dirigentes florentinos, e escreve seguidamente para instá-los a agir. Os Dieci – Dez de liberdade –, órgão que se ocupava com os negócios externos da cidade, repreendem Maquiavel por fugir do escopo de sua missão.[20] Mais tarde, em 28 de outubro, mesmo seu amigo Biagio Buonaccorsi vai criticá-lo por escrever de forma muito "galharda", quando deveria apenas reportar os acontecimentos aos governantes florentinos.[21] Maquiavel se vê numa situação de um observador que, vendo a catástrofe se aproximar, tenta dizer a seus concidadãos que eles deviam fazer algo para não serem ultrapassados pelos acontecimentos, mas é limitado por sua condição de mero funcionário da república e pela maneira como a política florentina era conduzida. Escrevendo no dia 15 de outubro num tom perto da irritação, ele diz que estava consciente das diretivas do governo de Florença, que o instavam a "temporizar, a não se comprometer e a procurar compreender seu ânimo [do Duque]."[22] Ao mesmo tempo, ele acreditava que seguia corretamente as instruções de seus chefes, mesmo que vá ficando claro que a tendência florentina de ganhar tempo para solucionar seus problemas é um erro oriundo de uma concepção equivocada do que seja a política.

Já foi dito que é provavelmente nesse momento que nasceu o estilo de escrita maquiaveliano e que muitos dos temas de suas obras futuras foram então delineados.[23] Impressionados pela força de algumas das cartas que ele escreveu para a *Signoria*, alguns intérpretes não têm dúvida de que as frases cortantes

20 P. Larivaille, "Confidenti machiavelliani. Nominati ed innominati tra i Primi ministtri di Cesare Borgia", in J.-J. Marchand (org.), *Machiavelli senza i Médici*, 2006, p. 200.
21 B. Buonaccorsi, "A Niccolò Machiavelli", 28 ottobre 1502, in *Opere*, p. 60.
22 N. Machiavelli, Seconda legazione al Valentino, in *Opere*, vol ii, carta do dia 15 de outubro, p. 651.
23 A. Tafuro, *La formazione di Niccolò Machiavelli*, p. 161.

de *O Príncipe* são fruto de uma esgrima verbal exercida quando Maquiavel ainda era um funcionário a serviço de sua cidade.

Visto a partir do problema da gênese da obra de 1513, é possível dizer que os intérpretes têm razão e que a escrita madura não foi o produto de uma súbita inspiração, mas vai sendo forjada ao longo dos anos durante os quais Maquiavel não cessa de escrever cartas, relatórios, poemas e pequenos textos de análise. Nos meses finais de 1502, no entanto, o desafio de nosso autor não tinha nada de literário e talvez nem mesmo uma inclinação teórica. Maquiavel não preparava *O Príncipe* naquela ocasião. Ele tentava compreender as ações de César Bórgia, informar seus chefes e influenciar as ações deles. A questão, portanto, não era encontrar um estilo adequado para suas cartas, mesmo que retrospectivamente seu esforço no período possa tê-lo ajudado mais tarde a escrever seus textos. Seu problema central dizia respeito à eficácia política da escrita e ao reconhecimento de seus limites no campo da ação. Ciente do imobilismo florentino, ele lutava para fazer valer suas ideias num mundo de grande volatilidade e que não cessava de colocar novos desafios para seus atores. Preencher o fosso entre a escrita e a ação foi o desafio ao qual ele se propôs enquanto tentava exercer suas funções da melhor maneira possível. Ele enfrenta os "desafios de uma escrita política"[24] que não aceita se refugiar no terreno seguro, mas distante, da pura teoria, buscando ser incorporada no terreno próprio da política tal como aos poucos Maquiavel vai definindo.

Encontramos uma prova da busca incessante de nosso autor pela eficácia da escrita política na carta do dia 8 de novembro. Ao longo do mês, ele havia enviado uma série de correspondências aos *Dez de liberdade*, porém sem aparente sucesso, pois seus

---

24 Esse termo foi usado principalmente por Claude Lefort em suas reflexões sobre a relação da palavra e da ação políticas.

chefes continuaram a demandar mais informações sem dar mostras de querer mudar o comportamento da cidade. A carta à qual aludimos inicia fazendo referência a um "amigo" que, tendo pedido para ter seu nome mantido em segredo, fala de maneira franca com Maquiavel a respeito da relação entre Florença e o Duque. O ponto principal de sua fala é a afirmação de que uma aliança entre as duas partes, se realizada rapidamente, seria benéfica para ambas. Caso contrário, o Duque teria de buscar outras alianças, pois "esse senhor sabe muito bem que o Papa pode morrer a qualquer momento e que ele precisa pensar em garantir os fundamentos de seu poder antes de sua morte se quiser assegurar a posse de seus Estados."[25]

O primeiro fundamento do poder de César Bórgia, segundo o interlocutor de Maquiavel, era sua aliança com o rei francês; o segundo, seu exército. Somente em terceiro lugar ele nomeia as cidades com as quais o Duque pretende se aliar, citando Bolonha, Ferrara e Mantova. A enumeração desses pontos serve ao "amigo" para concluir que "permanecer no terreno das generalidades é mais pernicioso a seus senhores do que ao Duque."[26] Ora, essa era a crítica que Maquiavel vinha formulando já há algum tempo e que despertara seu descontentamento. Ele sabia que "ganhar tempo" era a forma predileta de ação da fraca República de Florença e intuía, no caso de César Bórgia, que isso não traria benefício algum para a cidade. Evitar tomar uma decisão não freava as ações do Duque, apenas as desviava para caminhos que não eram favoráveis a Florença. Deixar de agir podia ter algum efeito na política interna florentina, mas não servia para nada quando se colocavam novos atores em cena. O Duque, como afirma o "amigo", estava consciente de seus

---

25 N. Machiavelli, "Seconda legazione al Valentino", in *Opere*, vol II, carta do dia 8 de novembro, p. 699.
26 Ibid., p. 700.

problemas e também daqueles de Florença em sua longa luta para retomar o controle de Pisa, mas não pautaria suas ações pela inatividade de outra cidade. Ao contrário, a imobilidade de Florença o forçava à ação. Ficar alheia ao curso dos acontecimentos da Itália acabava sendo uma forma não consciente de ação de Florença, que fazia de tudo para ficar imóvel.

Talvez por isso Maquiavel guardou sempre uma grande admiração pela capacidade de ação do Duque, mesmo quando descobriu que ela não podia resistir aos poderes da *fortuna*, no momento em que esta se colocou em seu caminho com a morte de seu pai, o Papa Alexandre VI. Nesse sentido é que até em 1515 Maquiavel continua a elogiar "a *virtù* constituída pelos dotes viris de energia e de sagacidade desse extraordinário personagem."[27] No sentido inverso, Maquiavel fez naquele ano de 1502 a experiência do caráter nefasto da verdadeira mania florentina de evitar a ação. Nesse momento de sua vida, a temática da *virtù* ganha cores definidas enquanto aquela da *fortuna*, que formará o par conceitual fundamental de seu pensamento maduro, permanece fluída e indica apenas a tomada de consciência de que todo movimento na cena política implica um risco para os atores. O desespero de Maquiavel com seus chefes está no fato de que eles acreditavam reduzir os riscos para a cidade deixando de agir, quando na verdade apenas os aumentavam.[28]

Muito já se discutiu sobre a identidade do "amigo" de Maquiavel. Ugo Dotti, seguindo uma pista de Chabod, acredita que se trata de uma invenção do autor, de um procedimento literário para expor suas opiniões e fugir das críticas que os *Dez de liberdade* andavam fazendo às suas constantes intervenções pessoais no conteúdo de sua correspondência.[29] Já Paul

---

27 C. Vivanti, *Niccolò Machiavelli. I tempi della politica*, 2008, p. 35.
28 G. Sasso, *Niccolò Machiavelli. Storia del suo pensiero politico*, p. 89.
29 Ugo Dotti, *La Révolution Machiavel*, 2006, p. 114.

Larivaille acredita que o "amigo" é menos um procedimento literário e retórico e mais o fruto de um trabalho intenso de coleta de informações feito por Maquiavel e que teria no secretário do Duque Agapito Gerardini seu esteio principal.[30] Acreditamos que é um pouco das duas coisas. De um lado Maquiavel levava muito a sério suas funções, como provam as diversas cartas que escrevia para seus chefes. Buscar informações confiáveis parecia-lhe um instrumento fundamental para compor um quadro realista da política italiana. Por outro lado, ele sabia que não seria escutado se suas cartas fossem lidas como expressão de sua posição pessoal. Assim, o mais provável é que misturava informações reais com suas opiniões, organizando o todo de forma a produzir um quadro compreensível para os que deveriam agir.

O desafio a ser enfrentado por um simples funcionário não era, portanto, apenas o da objetividade dos relatos, como ele anunciou em sua carta do dia 8 de outubro. O desafio era fazer da correspondência um instrumento político eficaz, capaz de levar os florentinos a agir na boa direção. Não se tratava de tentar influenciar os poderosos a tomar decisões em conformidade com opiniões pessoais. Tratava-se de encontrar uma linguagem que os convencesse a agir levando em conta a realidade tal como ela se apresentava. Na linguagem de *O Príncipe*, Maquiavel pretendia oferecer os elementos que permitissem aos homens de poder de Florença agir segundo a "verdade efetiva das coisas."[31] A experiência do ano de 1502 foi, assim, ao mesmo tempo a de descobrir essa verdade, sobre o que falaremos a seguir, e de transmiti-la de forma que pudesse ser útil aos

---

30 P. Larivaille, "Confidenti machiavelliani. Nominati ed innominati tra i Primi ministtri di Cesare Borgia", in J.-J. Marchand (org.), *Machiavelli senza i Médici*, 2006, p. 212.
31 H. C. Mansfield, *Machiavelli's Effectual Truth*, 2023, p. 33-70; H. Adverse, *Maquiavel. Política e retórica*, 2009, p. 62-71.

atores políticos. A tentativa de falar pela boca de um "amigo" não era, portanto, fruto de um arroubo criativo, mas a expressão de um desalento e da sensação de fracasso que tomavam conta de Maquiavel à medida que a fratura entre a realidade e a ação de seus concidadãos aparecia como constitutiva da maneira como concebiam a política, e não apenas como resultado de uma falta de informação. À tarefa de informar se agregava aquela de convencer, o que se mostrava muito mais difícil do que ele previra no começo de sua missão.

O silêncio dos que agem

Se o desafio de Maquiavel nos meses que passou junto ao Duque Valentino é o da eficácia da palavra, seu esforço de compreensão do que ocorria esbarrava no fato de que César Bórgia se mostrava avaro quando se tratava de falar sobre seus planos e sobre sua visão da política de seu tempo. Maquiavel percebe aos poucos que a dissimulação fazia parte do comportamento do Duque e que ele não conseguia romper a barreira de silêncio imposta por seu interlocutor. À dificuldade de fazer a transposição das análises dos acontecimentos para o plano da ação se acrescia o fato de que o terreno da política estava longe de se oferecer como um objeto transparente aos olhos do observador. Colado em César Bórgia, atento aos mínimos detalhes de suas ações, Maquiavel vai descobrindo que não consegue antever claramente suas ações, provavelmente pelo fato de que elas não eram previsíveis por completo.

No dia 13 de novembro essa constatação vem à tona quando ele, depois de ter se desculpado pelo desaparecimento de algumas de suas cartas anteriores, observa:

As coisas não se advinham, e deve-se compreender que lidamos com um príncipe que governa a si mesmo. Se não se quer escrever apenas fantasias e sonhos, que se encontrem os fatos e, para encontrá-los, é preciso tempo e eu me empenho em despendê-lo bem e não em jogá-lo fora.[32]

Maquiavel compreende a ânsia dos florentinos em entender os movimentos do Duque, mas ele estava pouco a pouco compreendendo que para isso era preciso um longo trabalho de informação, e que talvez nem isso bastasse.

Na mesma carta, ele reponde aos *Dez*: "Vossas senhorias querem saber se aqui se pensa mais na paz ou na guerra e eu respondo que se raciocina muito sobre a paz, mas se fazem preparativos para a guerra."[33] O ambiente estava dominado pela tentativa de conciliação de alguns dos desafetos do Duque. Os emissários iam e vinham, mas nada de concreto parecia sair das muitas conversas e tratativas. Maquiavel acompanha tudo com muita atenção. Anota e escreve, e no meio introduz suas reflexões, como quando diz que no balé dos inimigos que se propõem a fazer a paz "será superior quem souber enganar melhor o outro."[34] Essa afirmação foi premonitória com relação ao que aconteceu mais tarde. Nesse momento, ela aponta apenas para o desesperado esforço de compreensão que o Secretário Florentino despende no contato com uma fugidia realidade italiana, a qual não se deixava aprisionar e nem se reduzir a um de seus elementos, mesmo que esse elemento fosse a força. Vai ficando claro para Maquiavel que, para pensar a política e agir em acordo com o que se aprende de seus movimentos complexos, é preciso saber distinguir seus operadores centrais. Em

---

32 N. Machiavelli, "Seconda legazione al Valentino", in *Opere*, vol II, carta do dia 13 de novembro, p. 705.
33 Ibid., p. 706.
34 Ibid., p. 707.

primeiro lugar, deve-se fazer o balanço das forças que se enfrentam. O observador deve também saber renunciar à ideia de que será possível encontrar um fator que determina em última instância todos os acontecimentos. Em outras palavras, saber distinguir os elementos fundamentais de constituição do campo da política é uma tarefa essencial para os que pensam o tempo presente e nele desejam agir. Nesse movimento, no entanto, se não se quiser cair nas ilusões religiosas e metafísicas, é preciso renunciar ao encontro de um único ponto de apoio para a compreensão do que ocorre na cena pública. Essa renúncia implica inclusive deixar de lado a ideia de que é possível transformar a força no Santo Graal da política.

Ao longo dos meses de novembro e dezembro, o Secretário Florentino multiplicou seus contatos. Conversou com muitos homens de César Bórgia, continuou a usar as falas de seu "amigo" para colocar os *Dez* a par do que estava ocorrendo, mas nada indica que ele acreditava ter desvendado o sentido dos passos do Duque. No dia 26 de dezembro, ele chega a uma conclusão sobre o caráter do Duque, e esta terá grande importância na maneira como mais tarde ele analisará os eventos. Depois de ter procurado estudar os acontecimentos de todos os ângulos, ele afirma:

> *Esse Senhor é secretíssimo. Creio que, aquilo que fará,* só é conhecido por ele. Seus primeiros secretários me disseram muitas vezes que ele não comunica jamais coisa alguma, senão quando age, e age quando a necessidade o obriga e não de outra forma.[35]

Aos governantes florentinos que poderiam se sentir frustrados com essa maneira de colocar as coisas, ele diz que também se sentia desamparado.

---

35 N. Machiavelli, "Seconda legazione al Valentino", in *Opere*, vol II, carta do dia 26 de dezembro de 1502, p. 774.

As cartas que acabamos de mencionar conduzem o pensamento de Maquiavel diretamente à questão da simulação e da dissimulação, que será central em *O Príncipe*.[36] É razoável associar a reflexão posterior sobre a política aos temas de 1502, mas, mais uma vez, acreditamos que é preciso em primeiro lugar prestar atenção ao que procurava o Secretário Florentino naquele momento, e não aos possíveis desdobramentos teóricos de suas reflexões. Maquiavel reflete sobre o que vê, procura desesperadamente novas fontes de informação sobre o que estava acontecendo, mas se depara com uma barreira epistemológica que não é produto de sua incapacidade cognitiva, mas da própria natureza da ação. Ou seja, o fato de não ser possível compreender os caminhos do Duque não deriva apenas de sua natureza dissimulada, embora ela fosse um fator determinante na maneira como ele agia, mas do fato de que toda ação contém um elemento de imprevisibilidade que se esconde nas dobras da linguagem. Se fosse possível associar toda ação a um cálculo racional dos atores envolvidos, o silêncio seria apenas a forma exterior da apresentação do governante ao mundo. Mas, mesmo que ele possa ser apenas uma simulação, o silêncio revela um aspecto gnosiológico fundamental, ou seja, que não existe para o observador ou para o analista; um caminho que permita desvelar as tramas do real pelo descobrimento de sua ordenação interna *a priori*. Isso não quer dizer que as ações são frutos do puro acaso ou do comportamento irracional dos atores, mas que essa lógica só pode ser apreendida *a posteriori*. Naquele momento, o "silêncio" do Duque interessava menos por mostrar um traço de sua personalidade e mais por assinalar um limite para a compreensão do mundo das ações, quando se analisa de perto os acontecimentos presentes.

36   G. Sasso, *Machiavelli. Il Pensiero politico*, 1993, p. 102-103; H. Adverse, *Maquiavel. Política e retórica*, p. 40-46.

Por isso, não há como estabelecer uma linha sem cortes entre as cartas de 1502 e o texto maduro de 1513. Em *O Príncipe*, o "objeto" César Bórgia desafia por sua exemplaridade e pelo fato de servir para mostrar aspectos essenciais da doutrina política de nosso autor. No final de 1502, ele importa porque Maquiavel descobre que não é possível antever todos os passos dele, prevendo o que ele fará, mesmo depois de longos meses de observação de seu comportamento. Têm razão os que dizem que na *Segunda Legação* o tema preponderante é o da *virtù* de César Bórgia, que pode ser observada em ato, e não o da *fortuna*, que só pode ser apreendida depois que os acontecimentos produziram seus efeitos.[37] Ao mesmo tempo, são os poderes da *fortuna* que despontam no horizonte de um universo cujas regras não são inteiramente conhecidas senão depois de consumadas as ações.

Engano, violência e justificação da ação

Hoje conhecemos bem o bastante o que ocorreu na Itália no final de 1502, começo de 1503, quando César Bórgia massacrou seus oponentes depois de tê-los enganado com palavras amenas e promessas generosas de reconciliação. O próprio Maquiavel deu detalhes do acontecimento em um texto que escreveu depois: "Sobre o modo usado pelo Duque Valentino para matar Vitellozzo, Oliverotto da Fermo, o senhor Pagolo e o Duque de Gravina Orsini em Senigaglia."[38] Esses fatos são importantes para as reflexões posteriores de nosso autor, mas aqui eles importam pela reação imediata que suscitaram no funcionário, o qual durante meses

---

37   A. Tafuro, *La formazione di Niccolò Machiavelli*, 2004, p. 174.
38   N. Machiavelli, "Il modo che tenne il Duca Valentino per ammazar Vitellozo, Oliverotto da Fermo, il Signor Pagolo et il Duca di Gravina Orsini in Senigaglia ", in *Opere*, vol I, p. 16-22.

havia seguido o Duque. Se mais tarde ele dará uma ordenação precisa das ações seguida de comentários sobre a situação italiana, esse não era seu estado de espírito no começo de 1503.

Na noite de 1º de janeiro de 1503 César Bórgia chamou Maquiavel por volta das duas horas da manhã e relatou o que acabara de fazer. Com o semblante alegre, César Bórgia conta o final de sua ação fulminante e pede que Maquiavel compartilhe seus sentimentos com os governantes de Florença, pois, segundo ele, a morte de inimigos comuns era motivo para comemoração. Mais uma vez, ele pede que o Secretário envie um pedido formal de aliança entre as partes, chegando a solicitar alguns dias depois que a cidade enviasse um embaixador com poderes para concluir um acordo formal. A missão de nosso pensador estava chegando ao fim, mas ele ainda teve tempo, no dia 14 de janeiro de 1503, de traçar um perfil com sabor literário do homem que havia desafiado o Duque, Florença e até mesmo o rei da França. Segundo ele:

Vitellozo veio sobre uma mula, desarmado, com uma camisa ajustada, negra e gasta, por cima tinha uma capa preta com o forro verde. Quem o visse assim não poderia jamais imaginar que era esse o homem que por duas vezes nesse ano tinha tentado expulsar o rei da França da Itália. Seu rosto estava pálido e atônito, o que mostrava facilmente sua morte próxima para os que o viam.[39]

Se voltarmos nosso olhar novamente para o sétimo capítulo de *O Príncipe*, vamos ver como a imagem de homem de *virtù* de César Bórgia foi sendo construída aos poucos e como vai ganhando contorno a ideia de uma contraposição entra a capacidade de ação – a

39 N. Machiavelli, "Seconda legazione al Valentino", in *Opere*, vol II, carta do dia 14 de janeiro de 1503, p. 804.

virtù – e a *fortuna*. A maneira como ele descreve Vitellozo mostra como seus exemplos foram sendo criados ao mesmo tempo que ele forjava um estilo no qual suas obras seriam escritas. Ao forçar os traços de um homem derrotado, ao expandir o alcance dos atos de César Bórgia, Maquiavel vai criando os instrumentos conceituais, as imagens e os exemplos de que precisará mais tarde. Chama a atenção que, poucos dias depois do massacre, ele já consegue se distanciar um pouco dos acontecimentos, contando-os em um tom que reforça certos traços e apaga outros, a fim de produzir o efeito de contraposição que desejava entre duas formas de agir e de dois destinos diferentes que se separavam ao cabo de um embate que havia parecido indeciso ao longo dos últimos meses. É pouco provável que de fato Vitellozo parecesse morto naquele dia. Talvez tivesse o semblante preocupado. Mas fica evidente que Maquiavel já começara a construir um procedimento discursivo inovador para mostrar o que distanciava o ator eficaz do ator moral. Mesmo sabendo que os inimigos do Duque haviam sido mortos a sangue frio por ocasião de um banquete que lhes fora oferecido pelo Duque para simular uma reconciliação, ele não levanta em momento algum o problema moral que esse ato suscitava. Para ele, o mais importante era a narrativa do que ocorreu e a tentativa de compreender os fios da trama que levara ao desfecho que o surpreendera.

Na noite do dia 1º de janeiro, não foi isso que ele experimentou. Depois de muito esforço para entender o Duque, ele se deparou com uma ação que não previu e que, mais importante, não tinha como prever. Maquiavel podia sentir frustração por não ter podido antecipar os movimentos daquele personagem extraordinário que nos meses anteriores havia suscitado sua admiração. Mas foi a dimensão fundante de toda ação política que parece tê-lo tocado. Nesse sentido, foi essencial ouvir o Duque reclamar a amizade de Florença, dessa vez num tom alegre e levemente provocador. Algumas semanas antes, a mesma demanda parecia denunciar a fragilidade da posição do Duque. A capacidade de agir de maneira fulminante do Valentino se mostrou decisiva para mudar o panorama da política italiana e para conferir às suas palavras outro significado. Tomadas nelas mesmas, suas palavras eram iguais, mas o que Maquiavel experimentava era o fato de que discursos só são compreensíveis quando inseridos no contexto político no qual são proferidos e nos efeitos que provocam nos participantes da cena pública.

O Secretário Florentino experimentou nesses meses os limites da palavra e do esforço de compreensão do real. Isso não o conduziu ao desespero de encontrar um discurso teórico coerente sobre a política, como testemunham suas obras posteriores, mas o forçou a mudar sua concepção do que era o objeto do pensador político, que se empenhava em seguir os meandros das ações, mas não podia pretender não ser surpreendido por elas. A racionalidade da política parecia permitir seguir seus fios até os limites da contingência, que era tão constitutiva do mundo em comum dos homens quanto suas constantes. Essa maneira de ver as coisas permitiu a Maquiavel tratar César Bórgia como um exemplo, mas não como um mito ou um ideal. Um ano depois, quando a morte de seu pai, o Papa Alexandre vi, e sua má fortuna determinam sua queda, Maquiavel não vai deixar de admirá-lo, mas terá a oportunidade rara de assistir à queda de um homem de *virtù* que agora experimentava os golpes da *fortuna*. As experiências das coisas modernas iam tecendo o pano de fundo sobre o qual se ergueria sua obra revolucionária.

6. Maquiavel e a guerra

Desde a juventude, a guerra fez parte da vida de Maquiavel e de seus contemporâneos.[1] No século xv, a Itália foi atravessada por conflitos armados que envolviam as cidades em campanhas desgastantes e ruinosas, mas que, sobretudo na segunda metade do século, não chegavam a destruir o equilíbrio entre as partes em luta. Com a morte de Lourenço de Médici em 1492 e a posterior invasão da Itália pelo rei da França, a guerra moderna irrompeu num universo acostumado a combates limitados que causavam muita destruição local, mas alteravam apenas temporariamente o equilíbrio das forças. Nenhum dos contentores conseguia levar a cabo seus projetos de domínio e expansão, o que implicava um movimento contínuo dos exércitos, que nunca alcançavam plenamente seus objetivos.

Maquiavel se preocupava com a guerra desde o início de sua participação no governo da cidade de Florença, como já mostramos. Numa carta de 23 de agosto de 1498, endereçada aos habitantes de Pistoia, por exemplo, ele comenta a questão de Pisa e os procedimentos da República Florentina para ajudar

---

1 Ver a esse respeito: J.-L. Fournel, J.-C. Zancarini, *Machiavel. Une vie en guerres*, 2020.

as tropas em campanha.² No mesmo ano, em 4 de dezembro, o Secretário escreveu para Iacopo de'Nerli relatando os movimentos dos capitães para os quais a cidade havia enviado dinheiro.³ Andrea Guidi diz que os anos de aprendizado de Maquiavel foram "o laboratório onde experimentou a eficácia de certos conceitos que pertenciam ao patrimônio cultural da cidade."⁴ Seu pensamento militar foi gestado no contato contínuo com desafios práticos. Ele conhecia o movimento das tropas, suas manobras, mas também questões logísticas que muitas vezes afetavam diretamente o desempenho dos exércitos. Além disso, pôde observar diretamente o comportamento inconstante e errático das tropas mercenárias que faziam da defesa da cidade e de seus desejos de conquista uma questão de alta complexidade. Nesse contexto, o caráter pragmático da filosofia da guerra de Maquiavel é um ponto essencial para compreender suas ideias.⁵ Sem ele, nosso olhar fica perdido no meio de uma série de observações presentes em seus muitos textos de cunho administrativo, que, à primeira vista, parecem não ter conexão entre si. Estudando seus escritos do período como um todo, vemos que, independentemente de sua intenção primeira, ele soube aproveitar cada instante de suas missões e dos debates no interior do governo florentino, a fim de constituir um capital de conhecimentos práticos e teóricos sobre a guerra e seu significado para a política.⁶

2   N. Maquiavel, *Legazione, Comissarie, Scritti di Governo*, 2002, Tomo I, p. 37-38.
3   Ibid., p. 149-150.
4   A. Guidi, *Un Segretario Militante*. Politica, diplomazia e armi nel Cancellieri Machiavelli, 2009, p. 179.
5   Ibid., p. 190.
6   Acompanhamos Luigi Zanzi quando ele afirma a existência de uma filosofia da guerra em Maquiavel, elaborada ao longo de toda a sua vida. L. Zanzi, *Machiavelli e gli "svizzeri"*, 2009, p. 175.

O número de cartas que nosso autor consagrou ao problema militar mostra a importância do caráter prático do aprendizado da guerra levado a cabo por Maquiavel ao longo dos anos nos quais esteve a serviço da República Florentina.[7] Nelas, ele discute a fundo os movimentos das tropas, seus recursos materiais e humanos e como se comportavam os soldados quando não estavam fazendo nada. Em 23 de dezembro de 1502, por exemplo, relata para os governantes de Florença a movimentação dos franceses, o sentimento da população com relação ao problema de Pisa e, sobretudo, fornece um balanço detalhado das forças de César Bórgia. Nessas ocasiões observou não apenas quantos soldados estavam em Faenza, mas também quem controlava as fortalezas e com quais forças.[8] Como vimos nos capítulos anteriores, o Duque foi um objeto de estudo importante do Secretário Florentino. Mas ele não importava somente como modelo de determinado tipo de ator político: ele oferecia o exemplo de ator audacioso e violento, mas também ensinava como gerir no campo de batalha um exército com suas demandas materiais e seus estados de espírito.

A guerra no pensamento dos humanistas italianos

Assim como para outros assuntos, Maquiavel herdou diretamente dos humanistas italianos do século xv a crítica à maneira como os italianos faziam a guerra e os resultados políticos do emprego corrente de tropas mercenárias. No universo político dos florentinos havia uma grande preocupação com os efeitos das guerras, mas isso não significava que todos tinham consciência da relação

---

7   Ibid., p. 212-213.
8   N. Maquiavel, *Legazione, Comissarie, Scritti di Governo*, 2003, Tomo II, p. 515-518.

direta entre a maneira como elas eram realizadas e a forma como eram pensadas. No Renascimento, circulavam escritos romanos como o livro de Flavius Vegetius, *De Re Militari*.[9] Esse texto foi sem dúvida uma das grandes inspirações de nosso autor e era bastante conhecido em sua época. Essa compilação do saber militar romano, escrita provavelmente no século V, foi um grande sucesso em sua época e um dos livros mais copiados no período medieval.[10] Além dele, nosso autor recorreu às mais diversas correntes de pensamento. Os historiadores do passado, como Tito Lívio, estão presentes o tempo todo, ao lado de referências a Plutarco e a Júlio César.[11] Dentre as obras militares do passado, devemos também citar Sextus Julius Frontinus, cujo tratado *Strategemata*, escrito no primeiro século da Era Cristã, serviu de referência por muitos séculos para os que se ocupavam com o problema da guerra.[12] No momento que trabalhava como secretário da República de Florença, Maquiavel lidava muito mais com a linguagem política que circulava na cidade, como mostrado no primeiro capítulo, e com as práticas militares correntes na Itália do que com as fontes clássicas, que mais tarde serão decisivas para o desenvolvimento de sua filosofia da guerra. Para nossos propósitos, vamos nos concentrar nos aspectos práticos da arte da guerra e nas críticas aos mercenários feitas pelos humanistas do século xv.

* * *

9   F. Vegetius, *Epitoma Rei Militaris*, 2010.
10 P. Richardot, *Végèce et la culture militaire au Moyen Âge (Ve-xve siècles)*, 1998.
11 César, *Guerre des Gaules*, 1981.
12 S. J. Frontinus, "Strategemata", in *The Complete Works of Frontinus*, 2015.

No Renascimento, sobretudo na Itália, a guerra era um negócio privado. Ela era conduzida por *condottieri*, que tinham suas próprias tropas compostas na maior parte das vezes por lanceiros, soldados de infantaria, cavalaria pesada e artilharia ligeira. Eram verdadeiros empresários que alugavam seus serviços para quem pudesse pagá-los, sem manifestar preferências que hoje chamaríamos de "ideológicas." Normalmente recebiam um adiantamento, necessário para colocar as tropas em movimento e equipá-las. Alguns contratos permitiam que os *condottieri* se apropriassem do butim dos saques e até das propriedades dos derrotados, transformando-os em senhores de castelos e de pequenas localidades rurais. Os números não eram muito elevados. Uma tropa com seiscentos lanceiros e quatrocentos soldados de infantaria era considerada significativa. Em outras ocasiões, no entanto, as tropas eram maiores e mais caras. Tudo dependia dos objetivos a serem alcançados. Florença, por exemplo, quando saiu em campanha para tomar Volterra em 1472, empregou 2 mil cavaleiros e 10 mil soldados de infantaria.

A constituição das tropas dependia do contexto e dos recursos que as cidades tinham disponíveis para levar a cabo seus propósitos. Quando se engajavam em uma campanha para uma cidade, fosse defensiva ou ofensiva, assinavam uma *condotta*, um tipo de contrato entre o *condottiero* e a cidade no qual estava estipulado o número dos soldados, o pagamento, as provisões e a duração da empreitada. Era comum que a *condotta* valesse inicialmente por dois ou três meses, prorrogáveis. Era raro, no entanto, que um *condottiere* servisse por muito tempo ao mesmo empregador, o que levava as cidades a exigir em um tempo de carência durante o qual o *condottiere* não podia assinar contratos com uma cidade rival. O tempo de contrato aumentou à medida que as guerras italianas passaram a durar mais tempo. Havia contrato para tempos de guerra, mas também para tempos de paz, o que muitas vezes interferia na política interna dos empregadores.

A presença de tropas contratadas nos arredores ou no interior das cidades alterava o equilíbrio interno entre os diversos grupos políticos, muitas vezes concentrados em famílias que se aliavam ou disputavam o poder. Com a alteração paulatina das guerras na Itália no século xv, Veneza foi uma das primeiras cidades a aumentar o tempo dos contratos, enquanto Florença se manteve fiel aos termos da primeira metade do século xv, o que lhe causou inúmeros problemas. A guerra era conduzida por um órgão – os *ufficiali della condottai*, em Veneza, ou os Dieci della Guerra, em Florença – que com frequência designava um *provveditore*, funcionário civil que acompanhava os exércitos nas campanhas no terreno dos conflitos. Toda a estrutura era frágil e complexa, o que resultava numa grande instabilidade nas relações entre as diversas forças políticas que atuavam na Itália.[13]

Do ponto de vista das técnicas de guerra, havia duas "escolas" (*sètte*) de conduta nas guerras italianas: a Bracesca e a Sforzesca. A primeira escola era conhecida por atacar de forma rápida os adversários, com ações que deviam ser decisivas. Já a segunda preferia ameaçar os adversários por meio de manobras. Apesar das diferenças, ambas partilhavam muitos pontos em comum e contribuíram, por volta de 1450, para revalorizar a infantaria.[14] Muito já se falou do atraso da Itália em relação aos estados europeus do Renascimento referente à tecnologia da guerra.[15] Alguns chegaram a dizer que a Itália ficara para trás na implantação das formas de guerra, e que mesmo Maquiavel não compreendia corretamente a utilidade das novas armas e

---

13 M. Mallett, *Mercenaries and Their Masters. Warfare in Renaissance Italy*, 2009, p. 76-106.
14 Ibid., p.155.
15 Ibid., p. 146.

táticas militares.¹⁶ Essa é uma afirmação que vem sendo contestada pelos estudiosos do período. Um dos pontos debatidos pelos especialistas é o papel que a cavalaria pesada, típica da Idade Média, ainda tinha nos campos de guerra, o que se mostrava a cada dia mais inadequado para as novas circunstâncias. É verdade que os italianos tardaram a adotar a cavalaria ligeira e que retomaram o uso da infantaria lentamente. Olhando, no entanto, com mais cuidado a evolução da arte da guerra renascentista, o panorama geral é menos atrasado do que pareceu a alguns. Na verdade, ainda que a presença da cavalaria pesada fosse significativa nas batalhas do Renascimento, a construção de fortalezas levou a um aumento do número de soldados de infantaria, o que se mostrou útil no novo contexto dos combates. No final do século xv, já se constatavam mudanças importantes nas técnicas guerreiras, inclusive na Itália, que a aproximavam do que vinha acontecendo em outros lugares.¹⁷ É preciso lembrar, para ter uma ideia mais equilibrada das transformações que iam se operando na maneira de conduzir a guerra, que mesmo a França em suas campanhas fora de seu território usava a cavalaria pesada como arma em 1494, quando invadiu o norte italiano.¹⁸

As técnicas de guerra conheceram um desenvolvimento contínuo ao longo do século xv e no começo do século xvi. Elas respondiam em grande medida às necessidades surgidas com novas armas, mas também ao novo contexto político europeu mediante a consolidação dos novos Estados com pretensões expansionistas,

---

16 Essa é a tese principal de Piero Pieri com a qual não estamos de acordo.
    P. Pieri, *Il Rinascimento e la crisi militares italiana*, 1952, p. 205-255.
17 F. Tallett, *War and Society in Early-Modern Europe, 1495-1715*, 1992, p. 21-50.
18 M. Mallett, *Mercenaries and Their Masters. Warfare in Renaissance* Italy, 2009, p. 147.

como foi o caso da França e da Espanha. O certo é que, ao longo do século xv, a infantaria, que praticamente inexistia na Itália no começo do século, foi se mostrando imprescindível. De início, ela tinha um papel defensivo, para progressivamente se tornar uma força ofensiva de conquista, sobretudo quando usada contra praças fortificadas. Entre os anos 1441 e 1448, Francesco Sforza, famoso condottiere que viria a se tornar senhor de Milão depois de trair a cidade a que havia servido, passou a utilizar em suas batalhas pequenas armas de fogo, o *schioppetto*, o que mudaria nas décadas seguintes o perfil dos combates de infantaria.[19] Nesse quesito, 1476 foi uma marca na arte da guerra renascentista. Os suíços, cuja identidade nacional ainda estava em construção, serviram-se de tropas munidas com lanças (piques); agindo de maneira organizada e disciplinada, derrotaram e humilharam a poderosa cavalaria de Carlos, o Calvo, duque de Burgundy.[20] Esse acontecimento serviu de exemplo de como uma força disciplinada e coesa era capaz de conter forças superiores, mas que não agiam de forma concertada. Nas próximas décadas, os soldados suíços passaram a servir de modelo para os exércitos e se tornaram uma força temida por todos.

A artilharia até hoje desperta a imaginação dos estudiosos do período e leva a supor que autores como Maquiavel desconheceram seu papel e sua importância, o que nos parece inteiramente falso. Florença já produzia canhões em 1326. Isso não quer dizer que essas armas fossem decisivas no desenrolar das guerras. Ao mesmo tempo, não faz sentido pensar que alguém envolvido com os negócios da política, como Maquiavel, não prestasse atenção a esse tipo de armas quase dois séculos

---

19 Ibid., p. 156.
20 S. Turnbull, *The Art of Renaissance Warfare*, 2018, p. 60-61.

depois de elas começarem a ser produzidas em sua cidade.[21]
O fato é que, no século XV, o uso de peças de artilharia se generalizou na Europa. Naquela época os canhões eram por demais pesados. Isso tornava seu deslocamento extremamente difícil, impossibilitando muitas vezes seu uso nos campos de batalha. A isso se acrescia o fato de que os mecanismos de tiro eram pouco precisos e nem sempre eficazes contra exércitos móveis. Pequenas peças de artilharia eram empregadas nos campos de batalha, mas, como demoravam a ser recarregadas, nem sempre produziam efeitos positivos para os que as utilizavam. Por isso, os canhões foram empregados em grande medida nos cercos às cidades, como armas ofensivas e defensivas, mas não se tornaram armas capazes de definir os rumos de uma guerra, como ocorreria nos séculos seguintes. Nas cidades italianas, a artilharia se desenvolveu em primeiro lugar como arma defensiva. Era muito mais fácil posicionar os canhões nos muros das cidades do que transportá-los em estradas esburacadas. O final do século XV e o começo do século XVI devem ser vistos como uma época de transição que preparou a arte da guerra moderna. Nosso autor, como mostra *A Arte da Guerra*, acompanhou com atenção a evolução técnica da guerra e pôde vivenciá-la nos campos de batalha em que esteve presente em sua função de Secretário da República Florentina, e depois como responsável pela organização de suas forças de defesa.[22]

* * *

---

21 M. Mallett, *Mercenaries and Their Masters. Warfare in Renaissance Italy*, 2009, p. 161.
22 Para uma visão ampla das modificações técnicas da arte da guerra em Florença e na Itália, ver: A. Guidi, *Books, People and Military Thought*, 2020.

No plano teórico, os humanistas italianos, na esteira de suas leituras dos antigos, escreveram belas páginas nas quais a busca pela liberdade se unia à consciência dos laços que unem a política e a condução da guerra. Um dos autores mais influentes dos séculos xv e xvi foi Leonardo Bruni, chanceler da cidade de Florença entre 1427 e 1444. O núcleo de seu pensamento sobre a questão das milícias e da guerra está exposto em seu tratado *De Militia*, de 1421. Bruni centra suas reflexões na afirmação do papel cívico das milícias. Para ele, o serviço militar devia ser guiado pelo poder público e nunca pelos cidadãos privados. Só assim a liberdade, em seu duplo sentido de independência em relação às outras cidades e de autonomia do cidadão, podia ser preservada.[23] O livro está dividido em três partes. Na primeira, ele procura mostrar a origem da instituição militar, a partir de uma análise de suas formas primeiras. Na segunda, compara Florença e Roma, para na terceira parte discutir o uso do ouro nas vestimentas dos guerreiros e a necessidade de constituir um exército nos tempos de paz. De maneira geral, podemos considerar que Bruni retorna a um tema da filosofia antiga para investigá-lo no contexto florentino. Para compreender seu pensamento, é preciso prestar atenção em algumas especificidades de seu tempo.[24]

Em primeiro lugar, Florença não tinha um exército de cidadãos havia muito tempo e servia-se de mercenários de maneira regular, como já mencionamos. Essa era uma questão posta para os humanistas desde Petrarca, pois, como mostra Bruni

23 L. Bruni, *De Militia*, in C. C. Bayley, *War and Society in Renaissance Florence*, 1961, p. 378-379. Existe uma tradução em inglês em: G. Griffiths, J. Hankins, D. Thompson, *The Humanism of Leonardo Bruni*, 1987, p. 127-145. No Brasil, existe uma excelente tradução efetuada por Fabrina Magalhães Pinto a ser publicada pela Eduff.
24 Seguimos de perto aqui as análises que fizemos anteriormente em: N. Bignotto, *Origens do republicanismo moderno*, 2021, p. 123-127.

no começo de seu tratado, as tarefas atinentes à condição política dos cidadãos de um Estado livre são distribuídas pelo corpo político e, dentre elas, inclui-se necessariamente a de defender a pátria pelas armas. Mesmo sob a cobertura de uma pesquisa histórica, fica óbvio que ele confronta os homens de seu tempo com uma série de deveres em relação à cidade, que nem de longe estavam sendo cumpridos por aqueles que certamente se consideravam bons cidadãos. O simples recurso ao tema comporta, portanto, uma intenção crítica, pois não podia escapar à atenção de seus contemporâneos que essa era uma questão urgente.

Um segundo ponto que deve ser mencionado é que dois dos autores que serviam de inspiração para ele nessa matéria – Aristóteles e Cícero – excluíam das atividades militares os artesãos e os homens dedicados a alguns tipos de comércio. Poderia ser alegado que, sendo Florença uma república composta por homens ligados às atividades de produção de várias mercadorias, ela não estava apta para defender-se com seus próprios homens. Se do ponto de vista histórico esse era um argumento plausível, aceitá-lo corresponderia, para Bruni, a transformar sua cidade em uma república de segunda categoria, muito aquém daquelas do passado. Isso ele não podia aceitar.

Na primeira parte do escrito, Bruni distingue as cidades imaginadas pelos filósofos e as históricas, como Roma, que forneciam os exemplos mais elevados de virtude. Essa divisão estará na raiz das definições que ele retirará da obra do jurista romano Ulpiano (150-223). Porém, o mais importante está na recapitulação da natureza do serviço militar na época de Romulus. Aqui, o humanista destaca três pontos. Em primeiro lugar, que os cidadãos não se engajavam com o exército todo o tempo, mas sim com o sabor dos acontecimentos. Em segundo lugar, que havia necessidade de um juramento, parte essencial do vínculo que o cidadão estabelecia com a cidade, quando se dispunha a defendê-la na guerra.²⁵ Finalmente, ele nota que os cidadãos que não estavam sob juramento não eram obrigados a entrar no combate. Dessa descrição, ressalta o aspecto moral do engajamento militar e o fato de que a virtude não era uma prova da excepcionalidade do caráter de um homem, mas uma maneira de se relacionar com sua pátria e com seu tempo. Bruni, aliás, lembra sempre o caráter mutante dos homens, apelando à ideia medieval de *imbecilitas humana* para justificar a necessidade de regulamentação da relação dos cidadãos com suas cidades.²⁶ Seu combate, assim, é pela instituição de normas para a defesa eficiente da cidade, e não pelo surgimento de homens de grande virtude que poderiam sozinhos resolver os problemas da guerra. Ao contrário de muitos dos homens políticos florentinos, ele não acreditava que exércitos mercenários pudessem garantir a sobrevivência das cidades livres. Como aconteceu muitas vezes ao longo do século xv, foram os mercenários contratados pelas cidades que se transformaram na grande ameaça à sua liberdade.

Um estudioso clássico da questão, C.C. Bayley observou que o "De militia" é um lugar especial do confronto entre as influências aristotélicas e ciceronianas e as influências platônicas na obra de Bruni. Embora ele tenha muitas vezes manifestado apreço pela beleza das obras de Platão, no tocante à guerra Bruni tendeu a considerar *A República* uma mera idealização, incapaz de servir de exemplo para os debates de seu tempo.²⁷ Aristóteles foi a grande arma da qual ele se serviu, inclusive nas críticas às concepções idealizadas das repúblicas. Isso elucida parcialmente o interesse manifesto do humanista pela obra do estagirita, que o levaria a fazer novas traduções de Ética a Nicômaco e de *Política*. Mas seu percurso não pode ser compreendido sem a mistura dos

---

25 L. Bruni, *De Militia*, 1961, p. 373.
26 L. Bruni, *De Militia*, 1961, p. 374.
27 C. C. Bayley, *War and Society in Renaissance Florence*, 1961, p. 351.

estudos de Aristóteles sobre a defesa das cidades com os ensinamentos de Cícero. Do romano, Bruni herdou a concepção da comunidade como uma associação guiada pelas leis e o apelo à igualdade de condição dos cidadãos, o que o levava a rejeitar explicitamente a escravidão defendida pelos gregos.[28] O conceito de *magnitudo animi* de Cícero exerceu um papel essencial no desenvolvimento do pensamento humanista. Ele representava a virtude de defender militarmente a cidade contra os perigos externos, mas também a nobreza de caráter daqueles que não aceitavam as sedições internas, que podiam conduzir à tirania e à perda da liberdade dos cidadãos. Esse foi o ponto de partida para a reflexão que levará a cabo na última parte de seu tratado. A grande disputa da primeira parte, no entanto, é a incorporação dos ideais da cidadania militar, derivados de uma justa apreciação de sua importância para a grandeza das repúblicas do passado, num contexto no qual uma boa parte dos cidadãos de Florença considerava a atividade militar repulsiva e degradante.

Ao analisar a questão da cidadania militar e ao encontrar as grandes dificuldades que esse problema colocava para seus contemporâneos, Bruni abordou uma questão essencial do pensamento republicano. Essa discussão estará presente daí para frente não apenas em pensadores em linha direta com o humanismo, como Maquiavel, mas também em herdeiros distantes do pensamento republicano do Renascimento, como os arautos da Revolução Americana, que compreenderam a importância do debate lançado por Bruni em seu tempo. No começo do século XVI, as ideias dos humanistas ressoavam nas ruas das cidades italianas ameaçadas por forças estrangeiras. Em seu envolvimento com a guerra, Maquiavel pôde aquilatar a importância das ideias de seus predecessores e buscar caminhos para torná-las efetivas.

28 Ibid., p. 342.

Florença ameaçada

No começo de 1504, Maquiavel estava em deslocamento para Lion quando notícias dos campos de batalha o surpreenderam.[29] Na luta que então se desenrolava entre Espanha e França, o destino de sua cidade estava em jogo, ainda que ela não participasse diretamente da guerra. A derrota da França em Garigliano e a paz posteriormente selada no final de janeiro do mesmo ano expuseram o destino de Florença mais uma vez aos resultados de conflitos nos quais não era capaz de interferir de maneira decisiva. Nápoles passou para o domínio dos espanhóis, mas os franceses também tiveram ganhos a partir do momento que o Imperador Maximiliano, da casa dos Habsburgos, preferiu permitir que a França continuasse a dominar Milão, no lugar de enfrentar o poderoso exército do rei Ferdinando da Espanha, que ameaçava se meter no conflito.[30] Nessa nova organização dos atores políticos mais importantes no cenário italiano, Florença tinha as mãos livres para tratar de seus assuntos locais, dentre os quais a questão de Pisa era a mais importante.

Maquiavel, na condição de segundo-secretário da República, viu-se envolvido com questões militares durante todo o período em que fez parte do governo. A aparente estabilidade da situação italiana entre os anos 1503 e 1504 despertou nos governantes florentinos o desejo de acabar de vez com os problemas envolvendo as cidades rebeldes da Toscana. Uma das ideias com a qual o secretário colaborou, por conta de sua posição na administração, foi a de desviar o curso do rio Arno para sufocar Pisa, privando-a das mercadorias que chegavam por mar

---

29 N. Maquiavel, *Legazione, Comissarie, Scritti di Governo*, 2005, Tomo III, p. 483-490.
30 U. Dotti, *La révolution Machiavel*, 2003, p. 149-150.

e eram encaminhadas para a cidade.[31] Francesco Guicciardini, historiador e filósofo que viria a se tornar um grande amigo de Maquiavel, achou a ideia pouco plausível, o que era a opinião de muitos outros cidadãos. O gonfaloneiro Soderini, ao contrário, a aprovou e contratou Biagio Buonaccorsi para tocar a obra.[32]

O projeto fracassou, mas a guerra se tornou o centro das atividades de Maquiavel, ocupando muito de seu tempo e gestando reflexões que estarão no centro de sua filosofia da guerra. Naquele momento, no entanto, ele já pensava intensamente no assunto. Ao final do *Decennali primo*, escrito no final do mês de outubro de 1504, ele resume seus sentimentos com relação aos problemas de Florença, afirmando que "o caminho seria fácil e curto se fossem reabertos os caminhos de Marte."[33] A derrota e a traição dos mercenários contratados para atacar Pisa mostraram que o terreno para se traçar uma nova via estava aberto, mas era bastante complicado.[34]

O ano de 1505, segundo Guicciardini, começou mal em Florença.[35] A falta de grãos ameaçava os mais pobres; a cidade demorava a reagir contra a carestia, agravada pelo fato de que um pequeno número de soldados originários de Pisa havia impedido que os cereais comprados em Livorno chegassem à cidade.[36] No curso do ano, mais uma tentativa de tomar Pisa fracassou de forma vergonhosa no mês de setembro. Sob o comando de Ercole Bentivoglio, a artilharia florentina chegou a abrir uma brecha nos muros da cidade sitiada, mas a infantaria

---

31 Ibid., p. 156-157; N. Machiavelli, *Legazione, Comissarie, Scritti di Governo*, Tomo IV, p. 111-116.
32 F. Guicciardini, "Storie fiorentine", in *Opere*, 1983, p. 219.
33 N. Maquiavel, "Decennali", in *Opere*, 1997. Tomo I, p. 107.
34 U. Dotti, *La révolution Machiavel*, 2003, p. 174.
35 F. Guicciardini, "Storie fiorentine", in *Opere*, 1983, p. 223.
36 D. Fachard, "L'esperienza del 1505", in J.-J. Marchand (org.), *Machiavelli senza I Medici (1498-1512)*, 2006, p. 231.

simplesmente se negou a entrar, provocando mais um fracasso militar.³⁷ Foi nesse contexto que a ideia de constituir um exército com os habitantes do *contado* (região adjacente ao núcleo urbano principal da cidade) e do *distretto* (territórios composto pelas cidades dominadas por Florença), que germinara nos anos anteriores, ganhou força. Numa carta de 29 de maio de 1504, Francesco Soderini, irmão do gonfaloneiro, classificou a ideia de uma *ordinanza* (milícia de cidadãos de Florença) como sendo não apenas boa, mas necessária.³⁸ Guicciardini, expressando o ponto de vista dos opositores do gonfaloneiro, afirmou que a medida não tinha o apoio de uma parte importante dos cidadãos mais afortunados (*ottimati*), que temiam que o governante e seus apoiadores, dentre eles Maquiavel, se servissem da nova força para consolidar seu poder e oprimir a outra parte.³⁹ O Secretário Florentino esteve à frente do projeto desde o início. No dia 30 de dezembro do mesmo ano começou sua missão no Mugello (região próxima de Florença). Nos anos seguintes, ele se envolveu a fundo com essa tarefa e escreveu textos sobre a guerra, consolidando os caminhos para a formulação madura de sua filosofia política.⁴⁰

37 J.-L. Fournel, J.-C. Zancarini, *Machiavel, Une vie en guerres*, 2020, p. 88-90.
38 N. Maquiavel, "Lettere", in *Opere*, 1999, Tomo II, p. 99.
39 F. Guicciardini, *Storie fiorentine*, in *Opere*, 1983, p. 226; C. Vivanti, *Nicollò Machiavelli. I tempi dela politica*, 2008, p. 47; A. Guidi, *Un Segretario Militante. Politica, diplomazia e armi nel Cancellieri Machiavelli*, 2009, p. 213.
40 G. Inglese, "1506", in J.-J. Marchand (org.), *Machiavelli senza I Medici (1498-1512)*, 2006, p. 251-260; C. Vivanti, *Nicollò Machiavelli. I tempi dela politica*, 2008, p. 50.

Um exército de cidadãos: a Ordinanza

O ano de 1506 foi especial na vida do secretário florentino. Instado pelos Dieci, importante magistratura de Florença, ele se pôs a campo para criar um exército próprio que assegurasse a defesa da cidade sem depender de tropas pagas, que sempre decepcionavam, representando por vezes um risco maior do que o da guerra mesma. Nesse período, Maquiavel escreveu dois textos importantes: *La cagione dell'Ordinanza* (As Razões da Ordinanza) e *Provisone della Ordinanza* (Provisões da Ordinanza). No dia 6 de dezembro de 1506 foi criada uma nova magistratura: *Os nove da milícia*. O secretário foi nomeado para dirigi-la e mergulhou ainda mais na tarefa de garantir a segurança de sua cidade.[41] Como lembrou Hervé Guimeret, naquela época "podemos dizer que a reflexão sobre a guerra não é um simples exercício à moda dos tratados da Antiguidade; ela corresponde a uma necessidade imediata e presente."[42]

O texto das *Cagione* foi escrito para convencer os dirigentes florentinos da necessidade de criação de um exército próprio, e guarda a marca estilística dos escritos dessa natureza. Não há concordância entre os estudiosos quanto à data de sua redação, mas podemos situá-la sem grandes riscos entre setembro e novembro de 1506. A milícia cidadã já estava em parte constituída, mas faltava convencer as diversas forças políticas da cidade, particularmente os adversários do *gonfaloneiro*, de que ela devia ser uma força permanente inscrita nos ordenamentos da cidade. O texto das *Cagione* tinha esse propósito.[43]

---

41 M. Gaille-Nikodimov, *Machiavel*, 2005, p. 146.
42 H. Guimeret, "L'art de la guerre et la question des armes propres", in M. Gaille-Nikodimov, T. Ménissier, *Lectures de Machiavel*, 2006, p. 129.
43 A. Guidi, *Un Segretario Militante*. Politica, diplomazia e armi nel Cancellieri Machiavelli, 2009, p. 190.

Logo no começo do texto, Maquiavel aponta para um dos fundamentos de seu pensamento: a associação entre justiça e arma como fundamento do poder de comandar e conquistar. De maneira provocativa, ele diz aos governantes de Florença: "Vós de justiça possuem muito pouco, e de armas nada. Para reaver uma e outra é necessário criar um exército por meio de uma deliberação pública e mantê-lo com boas leis."[44] Em seu raciocínio, ele vai ainda mais longe. Ele convida os governantes de sua cidade a não se enganarem quanto aos últimos cem anos durante os quais a cidade não tinha seu próprio exército. Para se manter livre, ela deveria necessariamente se armar com forças próprias no contexto do começo do século XVI.[45] Aceito esse princípio, devia-se passar para questões práticas e procurar organizar o exército de maneira a ter uma força de defesa que ao mesmo tempo servisse para as lutas contra os inimigos externos e para controlar as cidades e regiões dominada por Florença, sempre dispostas a se rebelar para recuperar sua liberdade. Por isso, a milícia cidadã devia começar a ser estruturada a partir do *contado* e ser constituída por tropas de infantaria, e não pela cavalaria, que exigia mais recursos e era dominada, em geral, por cidadãos de melhor condição financeira.[46]

Já nesse primeiro escrito, Maquiavel detalha a composição da tropa e divide os territórios sob a guarda de Florença segundo suas características geográficas, respeitando a história recente de cada uma das localidades. Ele sabia que não bastava desejar criar um corpo armado. A tradição das milícias cidadãs estava quase esquecida; as revoltas dos territórios submetidos ao poder florentino, como Arezzo e Valdichiana, mostravam que era

---

44 N. Maquiavel, "La cagione dell'Ordinanza, dove la si truovi et quel che bisogni fare", in *Opere*, 1997, vol 1, p. 26-31.
45 Ibid., p. 27.
46 Ibid., p. 28.

perigoso armar a população de áreas que contestavam o poder de Florença.⁴⁷ O Secretário tinha plena consciência de que a disciplina da tropa e sua submissão a um comando firme e apoiado pelas instituições da cidade era o caminho para ligar os soldados à cidade e realizar a tão desejada fusão entre o cidadão e o soldado, que já era o desejo de Bruni quase um século antes. Maquiavel deu, no entanto, um caráter popular à infantaria que não estava contemplado na maneira como os humanistas viam a ligação das milícias cidadãs com as classes dirigentes da cidade.⁴⁸ A esse respeito, conclui Guimeret: "Dizendo de outra maneira, não há estado verdadeiro sem armas. Num certo sentido, a questão das armas próprias constitui um critério de julgamento político e não em primeiro lugar militar."⁴⁹

No texto da Provisione,⁵⁰ Maquiavel começa repetindo que "todas as repúblicas [...] que no passado se mantiveram e cresceram sempre tiveram como principal fundamento duas coisas: a justiça e as armas, para frear e corrigir os súditos e para poder defender-se dos inimigos."⁵¹ A essa declaração de princípios segue-se um projeto de lei que seria bastante influente na legislação aprovada em 6 de dezembro de 1506 pelo Consiglio Maggiore (Conselho Maior), órgão máximo da República Florentina. Nele se instituía a milícia cidadã. Dentre as muitas medidas propostas estava a criação dos Nove, magistratura que deveria dirigir os esforços de constituição e direção das "armas próprias." Maquiavel seria mais tarde escolhido para fazer parte do novo órgão e nele desempenhará um papel essencial.

47 Ibid., p.30; A. Guidi, *Un Segretario militante*. Politica, diplomazia e armi nel Cancellieri Machiavelli, 2009, p. 238.
48 A. Guidi, *Books, People and Military Thought*, 2020, p. 89.
49 H. Guimeret, *L'art de la querre et la question des armes propres*, 2006, p. 136.
50 N. Maquiavel, "Provisione della Ordinanza", in *Opere*, 1997, vol I, p. 31-43.
51 Ibid., p. 31.

A proposta de legislação contida na *Provisione* demostra o caráter pragmático do esforço do Secretário. Ele estava consciente tanto da dificuldade de recrutar soldados capazes de desempenhar bem suas funções no *contado* quanto do esforço político necessário para convencer os aristocratas (que faziam oposição ao governo) de que a medida era salutar e capaz de salvar a cidade dos perigos que corria cotidianamente no contexto turbulento da Itália naquele começo de século.[52] O texto detalha as funções e as obrigações dos comandantes das *bandeiras* (grupo de soldados) e dos oficiais nomeados pelos *Nove* para supervisionar o andamento dos trabalhos de recrutamento e adestramento. Maquiavel propõe que a infantaria seja treinada como as alemãs, modelo dominante na época.[53] Os soldados deveriam portar um protetor corporal de ferro, uma lança e, se possível, um *scoppietto*, que ainda não havia adquirido a importância que mais tarde terão os arcabuzes. A artilharia era considerada muito importante, mas a infantaria era o núcleo das forças das cidades.[54]

Consciente da dificuldade de organizar um exército com cidadãos que até então só haviam se dedicado à agricultura ou ao comércio, Maquiavel dava grande importância à disciplina e às punições que deviam ser impostas aos transgressores das normas. Ele previa a pena de morte para quem abandonasse sua *bandeira* ou a utilizasse para fins privados, no caso dos chefes de uma formação.[55] Para pôr em prática essas medidas, Maquiavel, quando se tornou um dos encarregados pela organização da milícia de Florença, aprovou a nomeação de Miguel de Corella, conhecido como Don Micheletto, um *condottiere* espanhol que

---

52 Ibid., p. 32.
53 Ibid., p. 36.
54 A. Guidi, *Books, People and Military Thought*, 2020, p. 76.
55 N. Maquiavel, *Provisione della Ordinanza*, in *Opere*, 1997 41.

havia servido a César Bórgia, que tinha péssima fama devido à violência de suas ações. Seu cargo era o de "Capitão da Guarda", indicando que suas funções estavam ligadas à manutenção da disciplina dos soldados.⁵⁶ Ele devia percorrer o *contado* para prevenir e reprimir tumultos, deserções e quaisquer outros problemas.⁵⁷

Até hoje, alguns intérpretes acreditam que a escolha do *condottiere* estava ligada aos planos dos aliados do gonfaloneiro Soderini de reprimir a oposição dos *ottimati* ao seu governo, e não a uma função que de fato já existia há algum tempo na República Florentina.⁵⁸ Na prática, Don Micheletto acabou exagerando em suas ações, provocando medo e revolta em várias localidades nas quais exerceu com grande violência suas funções e acabou sendo demitido.⁵⁹ Isso, no entanto, nada tinha a ver com planos de dominar Florença de forma autoritária. Maquiavel pensava em defendê-la, e não em submetê-la a um poder arbitrário; para isso, organizar e manter uma milícia de cidadãos era um passo essencial.

A viagem à Alemanha

Depois de organizar as tropas da *Ordinanza*, o Secretário Florentino partiu para a Alemanha no dia 19 de dezembro de 1507. Sua missão não tinha relação direta com as questões técnicas da guerra, mas serviu para ele ver de perto a realidade

---

56 A. Guidi, *Un Segretario Militante*. Politica, diplomazia e armi nel Cancellieri Machiavelli, 2009, p. 281.
57 Ibid., p. 285.
58 C. Dionisotti, "Machiavelli, Cesare Borgia e don Miceletto", in *Machiavellerie*, 1980, p. 3-60.
59 A. Guidi, *Un Segretario Militante*. Politica, diplomazia e armi nel Cancellieri Machiavelli, 2009, p. 319.

militar e política de uma região que era admirada pela maneira como organizava sua infantaria. Na ocasião, Maximiliano da Áustria pretendia ir a Roma para ser coroado pelo Papa Júlio II, a fim de em seguida tomar posse do que acreditava ser seu direito sobre terras italianas. França e Veneza levavam a sério os planos de Maximiliano e, por isso, Florença achou por bem enviar um embaixador para a Dieta, que se reuniria naquele ano em Constância para tratar do problema. O escolhido de Soderini foi Maquiavel. Depois de muitas críticas de cidadãos influentes a essa escolha, acabou-se decidindo pelo nome de Francesco Vettori como representante, grande amigo de Maquiavel, seguido pelo fiel secretário.[60]

Ele permaneceu na Alemanha até a metade de junho de 1508. Apesar dos esforços intensos, o trabalho de Vettori e Maquiavel resultou em escassos ganhos diplomáticos. Para a formação do pensamento de nosso autor, no entanto, foi um período essencial. Desde o início de *Rapporto di cose della Magna* [Relatório sobre as coisas da Magna], Maquiavel dá grande valor aos preparativos de guerra feitos pelo imperador. Nomeia os possíveis aliados, suas tropas e a disposição de ânimo de cada um para tentar construir um quadro fiel dos motivos da fraqueza do imperador, levando em conta todos os aspectos envolvidos na questão. Detalhar as forças militares era um ponto importante, mas estava longe de fornecer uma visão acurada da situação. Maquiavel observou que os possíveis aliados do imperador rapidamente se davam conta de sua real situação. Uma aliança militar se dá, segundo o Secretário Florentino, para proteger as partes envolvidas, por medo de uma delas ser atacada pelo lado mais forte ou pelo desejo de obter algum ganho, mesmo num processo que envolve riscos. Ocorre que nenhuma dessas condições estava presente quando o imperador buscava apoio para

---

60 J.-L. Fournel, J.-C. Zancarini, *Machiavel. Une vie en guerres*, 2020, p. 115-116.

sua descida na Itália. As cidades e comunas envolvidas intuíam a fraqueza de Maximiliano e se recusavam a embarcar numa aventura que poderia ser-lhes ruinosa.[61]

A Itália havia se acostumado com a ideia de que o nervo da guerra era o dinheiro. As cidades recorriam tão frequentemente aos soldados pagos, que tudo parecia depender dos recursos financeiros disponíveis. Para muitos, ganhava quem podia pagar mais soldados. No aprendizado da guerra que Maquiavel realizou naqueles anos, essa certeza partilhada em sua época se desfez. O imperador tinha recursos suficientes para fazer a guerra e dispunha de tropas com alguma disciplina, sobretudo a infantaria, tendo fornecido o modelo desse tipo de tropa para a Europa. E, no entanto, ele estava longe de ser uma verdadeira potência militar. Tendo diante dos olhos a realidade da Alemanha, o Secretário Florentino procurou entender o que explicava a fraqueza do imperador.[62]

Segundo ele, para compreender a guerra é preciso estudá-la a partir de um conjunto de variáveis dentre as quais o dinheiro é apenas uma. Os habitantes da Magna viviam livres em muitas comunidades ou estavam submetidos aos príncipes, que eram uma constante fonte de preocupação para o imperador. Era possível pagar os habitantes da Magna para fazer a guerra. Mas, como não dependiam dela para viver, eles pediam muito para se engajar, ou simplesmente desprezavam a oferta quando seus interesses se sobrepunham. O dinheiro tinha importância para a guerra, mas seu uso dependia das características de cada povo. Na Espanha, havia um uso diferente da Alemanha e também da Itália. Os costumes e ideais eram tão relevantes quanto as peças de artilharia e a organização da infantaria.[63] Na Magna, com

---

61 N. Maquiavel, "Rapporto di cose della Magna", in *Opere*, 1997, vol I, p. 70.
62 Ibid., p. 73.
63 Ibid., p. 74.

todas as características favoráveis – riqueza, disciplina, capacidade de trabalho –, a desunião entre o Imperador, os príncipes e principalmente a oposição dos suíços faziam com que, no cômpito geral, não houvesse uma força unitária capaz de conduzir uma guerra fora de suas fronteiras e que fosse desejada por todas as partes envolvidas. O dinheiro não era capaz de produzir a união no plano político, que era muito mais importante inclusive do que a boa organização técnica das tropas.[64] No conjunto das forças que compunham o cenário interno da Magna, os habitantes das cidades eram os mais recalcitrantes, pois "por muitas razões eram frios em prover [tropas] porque a intenção principal deles era de manter a liberdade e não de conquistar um império."[65] Por isso, viam com olhos desconfiados tanto o imperador quanto os príncipes da região.

Essa visita fixou pontos importantes da filosofia da guerra de Maquiavel. Ela causou tanta impressão, que alguns anos depois, em 1512, ele voltou ao tema num texto chamado *Ritracto dele cose della Magna* (Retrato das coisas da Magna).[66] O texto recupera e aprofunda os pontos de vista do escrito anterior. Naquele ano, Florença, como veremos, foi tragada pela guerra e perdeu sua liberdade. Maquiavel ainda tinha confiança nas tropas da cidade naquele momento e admirava o fato de que, na Alemanha, os soldados eram cidadãos que aproveitavam os dias de festas para se exercitarem com o *scopietto* e as lanças.[67] Os motivos da fraqueza do Imperador pareciam-lhe claros na medida em que a desunião das forças que compunham a Magna não aparentava poder ser resolvida. Curiosamente, no escrito de 1512, Maquiavel

---

64 Ibid., p. 75.
65 Ibid., p. 76.
66 N. Maquiavel, "Ritracto dele cose della Magna", in *Opere*, 1997, vol I, p. 79-84.
67 Ibid., p. 79.

termina com considerações sobre a arte da guerra. Ele elogia a infantaria alemã e critica sua cavalaria por ser ligeira e não proteger suficientemente o cavaleiro.[68] Como homem de guerra, procura entender os aspectos técnicos dela, mas, sobretudo, compreendê-la em toda a sua complexidade. Nos anos em que serviu à República Florentina, Maquiavel soube aquilatar a importância da guerra para a vida dos corpos políticos. Indo mais longe, soube ver que guerra e política têm laços indissolúveis que muitas vezes determinam os destinos dos povos.

Perto do fim

Entre junho de 1508 e junho de 1509, Maquiavel, depois das missões na Alemanha, se dedicou de corpo e alma à guerra. Ao final, Pisa, que durante quinze anos havia sido um problema para Florença, rendeu-se, pondo fim a um período de desgaste e desmoralização das forças empregadas pela cidade em suas campanhas anteriores. O período era favorável, pois os venezianos haviam derrotado o imperador Maximiliano, o que levou à criação da Liga de Cambrai em 10 de dezembro de 1508, opondo o rei da França, o Imperador e o rei da Espanha à república de Veneza. Pelo menos para Florença, o período era bom para uma ação militar, uma vez que ela não estava no meio do turbilhão italiano.[69] Depois de quinze anos de lutas intermitentes, as tropas florentinas finalmente entraram em Pisa no dia 8 de junho de 1509.

Apesar dos muitos esforços despendidos pelo secretário, a glória pela conquista da cidade rebelde não lhe foi imputada diretamente, mesmo que seus amigos soubessem que ele havia sido uma

---

68 Ibid., p. 83-84. Maquiavel analisou o problema da cavalaria em: N. Maquiavel, "L'Ordinanza de'cavalli", in *Opere*, 1997. vol I.
69 J.-L. Fournel, J.-C. Zancarini, *Machiavel. Une vie en guerres*, 2020, p. 141.

peça-chave em todo o processo, incluindo o comando das tropas de infantaria e as negociações com setores da cidade de Pisa que desejavam se render.[70] Acompanhando a correspondência pessoal e oficial de Maquiavel no período da guerra, temos uma ideia clara de seu empenho na reconquista da cidade e de como ele se imiscuía nos detalhes da campanha, muito distante do perfil do teórico inábil que Matteo Bandello (1484-1561), um clérigo lombardo, difundiu mais tarde para desacreditar o pensamento de nosso autor.[71]

* * *

A nomeação de Maquiavel para organizar a guerra contra Pisa ocorreu no dia 16 de agosto de 1508. O gonfaloneiro Soderini tinha plena confiança em seu secretário e temia que sem ele a campanha não se desenrolasse a contento.[72] No dia 15 de fevereiro de 1509, os Dieci[73] pediram ao Secretário para se dirigir à região onde os combates se desenrolam com as tropas da *ordinanza*. Os governantes esperavam que ele pudesse empregar toda sua astúcia e experiência para que as coisas finalmente corressem bem para as tropas florentinas. Maquiavel não tardou a se lançar numa atividade frenética, que só terminou quando o cerco, que ajudara a empreender, deu resultado. Ele recrutou soldados, os organizou, discutiu com os dirigentes de Lucca, instando-os a não apoiar Pisa nessa fase da guerra. Mesmo um *condottiere* experiente como Iacopo Savelli elogiou as tropas de infantaria comandadas por Maquiavel.

---

70 Ibid., p. 152.
71 Idem; Ibid., p. 521.
72 Ibid., p. 144.
73 N. Maquiavel, "Seguito dela comissione al campo contro pisa", in *Opere*, 1999, p. 1187.

Muitas cartas do período se perderam, mas basta examinar algumas delas para ter uma ideia de como nosso autor mergulhou na guerra de Pisa de corpo e alma. Correndo de um posto a outro, contando os soldados e sua disposição para o combate, Maquiavel não hesitava em dizer que os comissários responsáveis pela infantaria "não devem dar licença senão para os que estão doentes. Os que fogem e desobedecem devem ser castigados."[74] Dessa maneira, acreditava que as tropas permaneceriam saudáveis e inteiras. Solicitado a permanecer na fortaleza de Càscina, posto menos perigoso, mas no qual não podia fazer grandes coisas, Maquiavel respondeu aos *Dieci*: "Se eu quisesse evitar todo perigo ou fadiga não teria saído de Florença."[75] Os chefes atenderam seu pedido e o deixaram livre para circular no campo de batalha como lhe parecia melhor.[76] Dois dias depois, ele já informava os *Dieci* dos intensos movimentos que fazia na região da guerra. No mesmo dia, os *Nove* escrevem pedindo-lhe que interviesse num conflito "considerando sua prudência e afeição."[77]

A guerra era algo natural para Maquiavel, como para a maior parte dos homens e mulheres de seu tempo. Ocorria desde sempre e não parecia poder ser extinta. Por essa razão, precisava ser pensada, mas também porque dela dependia, em grande medida, o destino de cidades e reinos. Sendo parte da natureza humana, era preciso aprender a usá-la a favor da liberdade e da potência das cidades e evitar seus efeitos nefastos. O aprendizado da guerra foi para Maquiavel um passo essencial à estruturação de seu pensamento futuro. No momento que agia, procurava fazê-lo com todo o empenho de um homem de ação, e

---

74 Ibid., "Machiavelli ai Dieci", 16 abr. 1509, p. 1193.
75 Ibid., p. 1194.
76 Ibid., "I Dieci a Machiavelli", 17 abr. 1509, p. 1195.
77 Ibid., "Il Cancelliere dei Nove a Machiavelli", 21 abr. 1509, p. 1199.

não simplesmente para aprender algo sobre como agiam os homens em situações delicadas. Examinando sua correspondência, fica claro que, para ele, guerra e política andam juntas e não podem ser separadas, sob pena de não compreendermos a marcha das coisas.

* * *

Em 1510, Maquiavel escreveu seus últimos textos sobre assuntos militares antes do fim da república. Na *Ordinanza de'Cavalli* [Ordenação dos cavalos], ele começa lembrando o papel que as tropas florentinas haviam tido nos últimos tempos, oferecendo "segurança e reputação" à República.[78] Imitar a maneira como a infantaria de Florença havia sido organizada parecia-lhe o melhor caminho. Depois de ter criticado os alemães pelo uso da cavalaria ligeira em detrimento da cavalaria pesada, típica da Idade Média, Maquiavel se deu conta de que algo mudara na arte da guerra e recomendou a organização de uma cavalaria ligeira, capaz de responder aos novos desafios da guerra em seu tempo.

O texto é uma proposta semelhante às que havia feito antes para o governo da cidade e acrescenta pouco às reflexões sobre a guerra espalhadas em seus textos de juventude. Nos anos finais da república, Maquiavel era um funcionário ouvido e respeitado. Sua "formação" nos domínios da política estava completa. A derrocada do governo que o empregou, para o qual lutou, o transformaria num escritor de grande importância. A prática da guerra fez dele um dos maiores pensadores do tema na história. A guerra o expulsaria do território da ação política, que ele tanto amava.

---

78 N. Maquiavel, "L'Ordinanza De'Cavalli", in *Opere*, 1997, vol I, p. 46.

Conclusão

Conclusão

O fim

No dia 7 de novembro de 1512, Maquiavel foi demitido de suas funções de segundo-secretário e de secretário dos Dieci. Acabava ali sua experiência à frente de cargos de importância pública e política que lhe garantiram a "experiência das coisas modernas." Os últimos meses de seu trabalho enquanto funcionário da República foram intensos e angustiantes. O regime ao qual ele servira e o qual defendera colapsou, permitindo a volta da família Médici à cidade e seu controle quase total nos próximos anos.

Nosso autor relatou parte dos acontecimentos que o expulsaram da vida pública em uma carta do dia 16 de setembro de 1512, endereçada a uma "nobre dama". A identidade da correspondente não é plenamente conhecida, mas alguns estudiosos tendem a pensar que se tratava de Isabella d'Este Gonzaga, Marquesa de Mantova. Essa hipótese é razoável, pois a carta contém informações que eram conhecidas por suas amizades mais próximas. Fosse dirigida a elas, não haveria motivo para lembrar acontecimentos que eram de domínio público em Florença. Além disso, a carta tem um tom mesurado, que não costumava ser o de sua correspondência com pessoas próximas em quem ele confiava plenamente.[1]

---

[1] N. Maquiavel, "Niccolò Machiavelli a una Gentildonna", 16 set. 1512, in N. Maquiavel, *Opere*, p. 231-235.

Maquiavel começa se referindo à Dieta de Mantova na qual estiveram presentes membros do papado, do Império, do reino da Espanha e do governo de Veneza. A reunião era a consequência da derrota dos franceses no verão passado. Nela se decidiu restaurar os Sforza em Milão e os Médici em Florença. Além disso, ficou claro que a presença do vice-rei de Nápoles, Raimondo Cardona, em Bologna, indicava a possibilidade de que a Toscana fosse invadida em breve. Os florentinos haviam, inicialmente, acreditado que a pouca confiança entre o Papa e os espanhóis ia acabar freando os ânimos guerreiros de ambas as partes, mas essas esperanças foram rapidamente abandonadas. O tempo era de se preparar para a guerra.[2] O Secretário Florentino tinha total conhecimento dos preparativos que estavam em curso na cidade e também acreditava que enviar forças para Firenzuola era uma forma de frear os espanhóis, que temeriam ter uma parte das tropas em sua retaguarda. Militarmente o cálculo era bom, mas não levava em conta que a intenção primeira do vice-rei "não era combater as forças concentradas nas fortalezas, mas vir a Florença para mudar o regime."[3]

No curso das preparações para a guerra, o Gonfaloneiro Soderini achou melhor concentrar as tropas no interior de Florença, acreditando que com isso ficaria mais seguro. Maquiavel participou diretamente de todos os movimentos de defesa da cidade, uma vez que era um dos principais responsáveis pelas tropas da *Ordinanza*. Mas as forças espanholas eram mais bem preparadas e a liga constituída em função da derrota da França tinha propósitos diferentes dos republicanos que governavam a cidade. Eles desejavam, além do abandono da ligação de Florença com os franceses, que a cidade deixasse de lado a forma de governo que adotara desde 1498. Soderini

2   Ibid., p. 231.
3   Ibid., p. 232.

colocou seu destino nas mãos dos habitantes da cidade reunidos em uma *pratica larga* (assembleia composta por um amplo conjunto de cidadãos). A proposta de abandonar seu posto foi "de forma unânime recusada, todos oferecendo-se para colocar à disposição a própria vida para defendê-lo".[4]

Nas idas e vindas entre os representantes das partes em divergência choviam ameaças e propostas de acordo para pôr fim ao conflito. Florença acreditou brevemente que a resistência que suas tropas haviam oposto aos espanhóis em Prato a salvaria. Nada saiu como previsto.[5] Os espanhóis contornaram as fortalezas para se aproximar diretamente da cidade, onde os habitantes de várias localidades do *contado* haviam se refugiado, esperando estar em segurança.[6] No ataque direto a Prato que se seguiu à primeira tentativa, as tropas da Ordinanza não resistiram e a cidade foi saqueada e destruída. Quatro mil pessoas morreram naquele dia. As jovens mulheres que haviam se refugiado nas igrejas foram violentadas; os bens dos habitantes, roubados.[7]

Essas notícias apavoraram os florentinos, e eles ainda tentaram negociar com o vice-rei. De nada adiantaram os esforços diplomáticos ou as propostas de indenização financeira. Os espanhóis exigiam o retorno dos Médici e se fiavam inteiramente na força de suas armas, que haviam facilmente derrotado os florentinos alguns dias antes. Na cidade, os *ottimati* acreditavam que a hora de mudar o regime político havia chegado. Alguns pendiam claramente para outro domínio dos Médici, mas outro grupo pensava que era possível estabelecer um novo regime dominado pela oligarquia.

O dia 31 de agosto de 1512 marcou o fim da experiência republicana florentina. O gonfaloneiro Soderini havia se refugiado no

---

4   Ibid., p. 233.
5   Idem.
6   Ibid., p. 232. Ver: A. Lee, *Machiavelli. His Life and Times*, 2021, p. 347-350.
7   Ibid., p. 233.

palácio da *Signoria* e dava mostras de que compreendia que o fim estava próximo. Na manhã daquele dia, um grupo de jovens aristocratas (Bartolomeo Valori, Paolo Vettori, Gino Capponi e Anton Francesco degli Albizi) invadiu a sede do governo exigindo a soltura dos partidários dos Médici que haviam sido presos no começo da crise. Maquiavel teve um papel importante naquele momento, pois, a pedido de Soderini, intercedeu junto a seu amigo Francesco Vettori para que a vida de seu chefe fosse poupada, no que foi atendido.[8] Na carta à sua correspondente, seu tom é comedido, quase neutro. Diz ele:

> *Terça-feira pela manhã (31 de agosto) eles vieram armados ao palácio e, tendo-o ocupado para forçar a partida do gonfaloneiro, foram convencidos por alguns cidadãos a não agir de forma violenta, e a deixá-lo partir segundo o acordo firmado. E assim, o gonfaloneiro, acompanhado pelos mesmos jovens, retornou para sua casa. De noite, em boa companhia e com o assentimento dos Senhores, foi levado para Siena.*[9]

Começou para Maquiavel o tempo da escrita. Mas nos enganaríamos se pensássemos que naquele momento cessou seu aprendizado da política e começou um tempo de recolhimento e meditação. Como resumem muito bem Fournel e Zancarini:

> *O status que ele acordava à escrita mostra que, para Maquiavel, escrever é uma forma de continuar a agir. Primeiramente, porque escrever fazia parte de sua função e ocupava seus dias. Mas, para além dessa razão, defendemos que a ligação com a escrita e o texto não é um componente*

---

[8] J.-L. Fournel, J.-C. Zancarini, *Machiavel. Une vie en guerres*, 2020, p. 182.
[9] N. Maquiavel, *Niccolò Machiavelli a una Gentildonna*, 16 set. 1512, p. 234.

dentre outros de sua ação no mundo; é a alavanca dessa ação e dela participa de maneira permanente.[10]

Seja como for, o jovem que ingressara no governo anos antes era agora um político experimentado, que soubera aprender com os anos intensos que vivera na condição de segundo-secretário da República. Até o final, ele manteve a esperança de retornar à vida pública de forma plena. Seu desejo nunca se concretizou. Sua ação principal foi a escrita de uma obra revolucionária que sobreviveu até hoje como um divisor de águas do pensamento ocidental. Como vimos na Introdução, ele nunca se desfez da crença de que, ao lado do convívio com os autores clássicos, seus anos de juventude foram decisivos para o autor que ele se tornou. Os séculos de distância que nos separam de seu início na política mostram que ele tinha total razão.

Ocaso de uma vida política

Maquiavel tinha 58 anos quando faleceu, no dia 21 de junho de 1527. A Itália atravessava um período terrível e Florença mais uma vez assistia à restauração da República, cuja experiência havia sido interrompida quinze anos antes com o retorno dos Médici ao poder. Dessa vez, a presença de tropas estrangeiras no território italiano produziu uma verdadeira catástrofe, desarticulando completamente a vida política. No dia 6 de maio, Roma foi tomada pelas tropas imperiais, compostas por soldados alemães ávidos por impor sua nova fé luterana, por espanhóis e por tropas italianas dispostas a tudo para ter sua parte no butim. O Papa, que ao longo dos últimos anos havia revelado um caráter irresoluto e uma grande incapacidade de compreender as coisas

10 J.-L. Fournel, J.-C. Zancarini, *Machiavel. Une vie en guerres*, p. 189.

da política, foi obrigado a se refugiar no Castelo de Santo Ângelo, enquanto 8 mil pessoas eram massacradas nas ruas da cidade apenas no primeiro dia de ocupação.[11] De lá, ele só sairia no dia 7 de dezembro, vestido como um mordomo, deixando a cidade entregue à peste e à destruição.

O ano da morte de Maquiavel foi descrito por seu amigo Francesco Guicciardini como o mais calamitoso dos últimos séculos.[12] Mudanças políticas radicais, carestia de bens, peste em toda a Itália, rapina de cidades e áreas rurais contribuíram para criar um clima de desespero e desesperança que tardaria a se dissipar. Maquiavel não pôde ver o efeito da fraqueza dos governantes italianos nos anos seguintes, mas seguiu de perto o desenrolar dos acontecimentos que precederam a catástrofe. Em 1525 entregou para o Papa Clemente VII aquela que seria sua última grande obra: *As histórias florentinas*. Poucos anos antes havia publicado *A arte da guerra*, que, com suas obras anteriores e suas peças de teatro, contribuiu para torná-lo um autor respeitado por todos os que se interessam pela política e pela guerra.[13] Embora ainda nutrisse a esperança de voltar a ocupar um cargo importante no governo de sua cidade, ele foi empregado em pequenas missões que, muito inferiores a seu talento e conhecimento, permitiram que seguisse de perto os acontecimentos e interviesse em momentos cruciais com Guicciardini. Amigos de longa data, os dois pensadores tinham vários pontos de discordância teórica. O diplomata havia escrito um pequeno livro no qual criticava abertamente a filosofia de seu amigo, embora não o tenha publicado em vida.[14] Nele, Guicciardini acusa Maquiavel de

---

11 C. Hibbert, *Ascensão e queda da Casa dos Médici*, 1993, 2020, p. 202.
12 Guicciardini, *Storia d'Italia*, 1988, p. 2011.
13 Sobre o pensamento de Maquiavel expresso em textos desse período, ver: G. Pancera, *Maquiavel entre repúblicas*, 2010.
14 F. Guicciardini, "Considerazioni sui 'Discorsi' del Machiavelli", in *Opere*, 1983, p. 605-677.

exagerar em sua busca por conceitos universais. Olhando para o que ocorria à sua volta, o historiador fazia a defesa da prudência analítica e da atenção aos eventos particulares, únicos pontos que realmente importam para compreender uma época. Dessa maneira, ele acreditava fugir dos riscos de uma teoria política que ia muito além do tempo presente, como era a de seu amigo.

Essas diferenças nunca impediram que os dois pensadores tivessem uma grande amizade e partilhassem, nos anos finais da vida de Maquiavel, os mesmos pontos de vista sobre a política italiana. Mas nem só de tristeza e preocupação foram os últimos anos da vida de nosso autor. Amante da boa vida e da companhia dos amigos, que carinhosamente o chamavam de "il Machia", ele se envolvia em aventuras e inventava histórias que divertiam a todos. Já avançado em anos, no meio da preocupação com a Itália ele arranjou tempo para se envolver amorosamente com duas mulheres bem mais jovens: Barbera, seu último grande amor, e Maliscotta.[15] Suas aventuras divertiam os amigos e ele mesmo não deixava de rir de si mesmo, como provam suas palavras na comédia *Clizia*, na qual afirma que não há nada mais feio do que um velho enamorado de uma jovem. Essa maneira de ser não o impedia de preocupar--se com os filhos e com a mulher, que permanecia inquieta em Florença enquanto o marido cavalgava pela Itália na vã esperança de que, com seu imenso saber, pudesse contribuir para tirar a Itália do abismo onde caíra. Uma das últimas cartas que escreveu foi para seu filho, Guido, ainda pequeno e frágil; nele Maquiavel depositava grandes esperanças. Sabendo dos perigos que rondavam Florença, o pequeno Guido escreveu para o pai no dia 17 de abril de 1527, em resposta à carta do dia 2 de abril que havia recebido. O menino menciona a carta que Maquiavel havia escrito para Marietta, sua mãe, fala do presente que o pai havia comprado para sua irmã, mas, sobretudo, se diz tranquilo por saber que ele

15 M. Viroli, *Il sorriso di Niccolò. Storia di Machiavelli*, 1998, p. 230.

se preparava para retornar para casa, o que aconteceu no dia 22 de abril. Para festejar a volta do pai, Guido prometia recitar de cor todo o primeiro livro das *Metamorfoses* de Ovídio.[16]

No terreno da reflexão política, Maquiavel se preocupava imensamente com os destinos de sua terra natal e via em sua fragilidade militar um fator determinante para a ruína que a ameaçava. Numa carta de 5 de outubro de 1526 endereçada a Bartolomeo Cavalcanti, ele respondeu ao amigo que lhe havia escrito no dia 18 de setembro, ávido, como ele mesmo diz, por ouvir o que pensava Maquiavel da situação política.[17] Na carta, o antigo Secretário da República não hesita em expor seus pontos de vista e o faz com o mesmo entusiasmo e argúcia de sua correspondência pessoal e pública de quando era funcionário da República no começo do século. Ele não se empenha em demonstrar teorias. Seu saber sobre a política e a guerra é o pressuposto de seus juízos e, por isso, seus amigos lhe rendiam confiança. Nesse momento da história italiana, Maquiavel sabia que o nervo da política é a guerra, e que só uma boa análise das forças em luta pode iluminar o cenário italiano com as luzes dos acontecimentos que dominam toda a cena europeia. Falar da organização da guerra e dos erros cometidos pelo Papa em sua tentativa de retomar Milão faz ressoar as análises que anos antes ele fizera sobre os enganos da conduta do rei Luiz XII, da França. Nos dois casos são os fatos primários que comandam sua ascensão em direção aos conceitos. Naquele ano turbulento, os fatos principais eram os que se relacionavam com a força. Em alguns capítulos deste livro, vimos que esse foi o procedimento de nosso autor ao longo de toda a sua vida. Já idoso, ele conservava a mesma energia e disposição para aprender com o real da política.

No último ano de sua vida, Maquiavel continuou a trocar cartas com dois de seus grandes amigos: Francesco Guicciardini e

---

16 N. Maquiavel, "Leterre", in *Opere*, 1999, vol II, p. 460.
17 Ibid., p. 447-450.

Francesco Vettori.[18] Transparece na correspondência entre os três homens um sentimento de urgência e uma compreensão de que aquele era o momento da força. Escrevendo em 30 de março de 1527 aos *Otto di Pratica*, órgão encarregado de organizar a defesa de Florença para o qual trabalhava nosso autor, ele comenta os acordos tentados pelo Papa com seus inimigos, dizendo que a melhor solução era a "de consagrar todas as forças à guerra, uma vez que a perfídia dos outros fez fracassar a paz, tão útil e salutar."[19] No meio do caos italiano, Maquiavel procurava, com seus amigos, descobrir a direção dos acontecimentos e prever o desdobramento de ações, que muitas vezes lhes pareciam tão contraditórias. É claro que nem sempre acertava. Isso não perturbava em nada seu juízo, pois ele sabia que a contingência tem um papel decisivo no terreno das ações humanas e que é impossível prever todos os acontecimentos. Ele acertou, no entanto, no essencial, que foi colocar as considerações sobre a força no centro de suas preocupações, e seu amor pela pátria no centro de suas emoções. É nesse diapasão que devemos entender sua carta do dia 16 de abril de 1527, escrita pouco antes de ele falecer, endereçada a Vettori, na qual diz:

> Amo o senhor Francesco Guicciardini, amo minha pátria mais do que minha vida e eu digo isso do alto de uma experiência de sessenta anos. Não acredito que tenhamos jamais atravessado momentos tão difíceis quanto esses nos quais a paz é uma necessidade. Mas não podemos abandonar a guerra na qual estamos imersos e na mão de um príncipe que mal dá conta de lidar com uma ou outra separadamente.[20]

O aprendizado da política de Maquiavel terminou ao mesmo tempo que sua vida.

18 Ibid., p. 452-465.
19 Ibid., p. 144.
20 Ibid., p. 459.

Referências bibliográficas

ADVERSE, Helton. (org.). *Reflexões sobre Maquiavel.* 500 anos de *O Príncipe.* São Paulo: Loyola, 2015.

_____. *Maquiavel.* Política e retórica. Belo Horizonte: Editora UFMG, 2009.

ALBERTINI, Rudolf von. *Firenze dalla repubblica al principato.* Torino: Einaudi, 1970.

AMES, José Luiz. *Conflito e liberdade.* A vida política para Maquiavel. Curitiba: CRV, 2017.

ANSELMI, Gian Mario. "Machiavelli, I Borgia e le Romagne", in MARCHAND, Jean-Jaques (org.). *Machiavelli senza i Médici.* Roma: Salerno Editrice, 2006.

AUDIER, Serge. *Machiavel, conflit et liberté.* Paris: Vrin/EHESS, 2005.

BARON, Hans. *In Search of Florentine Civic Humanism.* Princeton: Princeton University Press, vol. 2, 1988.

BAYLEY, C. C. *War and society in Renaissance Florence.* Toronto: Toronto University Press, 1961.

BENEVENUTO, Flávia. *Maquiavel e a figura do governante.* Curitiba: Editora Prismas, 2016.

BENNER, Erica. *Machiavelli`s Ethics.* Princeton: Princeton University Press, 2009.

BIGNOTTO, Newton. *Origens do Republicanismo Moderno.* Rio de Janeiro: Editora da UFF, 2021, p. 123-127.

_____. "Maquiavel e a França", in RAGAZZI, Alexandre; MENESES, Patricia D.; QUÍRICO, Tamara. (orgs.). *Ensaios interdisciplinares sobre o Renascimento italiano*. São Paulo: Editora Unifesp, 2017, v. 1, p. 143-162.

_____. "O aprendizado da força", in ADVERSE, H. (org.). *Reflexões sobre Maquiavel. 500 anos de O Príncipe*. São Paulo: Editora Loyola, 2015, v. 1, p. 87-108.

_____. "Maquiavel e a experiência da diplomacia: as primeiras missões", in SALATINI, R.; DEL ROIO, M. (orgs.). *Reflexões sobre Maquiavel*. São Paulo: Cultura acadêmica, 2014, v. 1, p. 37-55.

_____. O humanismo e a linguagem política do renascimento: o uso das *Pratiche* como fonte para o estudo da formação do pensamento político moderno. *Caderno CRH* (UFBA), vol. 25, p. 119-131, 2012.

_____. *Maquiavel Republicano*. São Paulo: Loyola, 1991.

BLACK, Robert. "Machiavelli in the chancery", in NAJEMY, J. *The Cambridge Companion to Machiavelli*. Cambridge: Cambridge University Press, 2010.

_____. "Machiavelli, servant of the Florentine republic", in BOCK, Gisela; SKINNER, Quentin; VIROLI, Maurizio (orgs.). *Machiavelli and Republicanism*. Cambridge: Cambridge University Press, 1990.

BRANDÃO, Carlos Antonio L. *Quid tum? O combate da arte em Leon Battista Alberti*. Belo Horizonte: Editora da UFMG, 2000.

BRUNI, Francesco *La città divisa. Le parti e Il bene comune da Dante a Guicciardini*. Bologna: Il Mulino, 2003.

BRUNI, Leonardo. "Laudatio Florentine Urbis", in *Opere Letterarie e Politiche*. Torino: Utet, 1996, p. 596.

_____. "Oratio in funere Iohannis Strozze", in *Opere Letterarie e Politiche*. Torino: Utet, 1996, p. 718.

_____. "Sulla costituzione fiorentina", in *Opere Letterarie e Politiche*. Torino: Utet, 1996, p. 776.

_____. "De Militia", in BAYLEY, C. C. *War and Society in Renaissance Florence*. Toronto: Toronto University Press, 1961, p. 378-379.

BUONACCORSI, Biagio A Niccolò Machiavelli, 28 ottobre 1502, in *Opere*, vol. 2, p. 60.

CADONI, Giorgio. *Lotte politiche e riforme istituzionali a Firenze tra Il 1494 e Il 1502*. Roma: Istituto storico italiano per il Medio Evo, 1999.

CARDOSO, Sérgio. *Maquiavelianas*. Lições de política republicana. São Paulo: 34, 2022.

CÉSAR. *Guerre des Gaules*. Paris: Gallimard, 1981.

CHABOD, Federico. *Scritti su Machiavelli*. Torino: Einaudi, 1982.

DIONISOTTI, Carlo. "Machiavelli, Cesare Borgia e don Micheletto", in *Machiavellerie*. Torino: Einaudi, 1980.

DOTTI, Ugo. *La Révolution Machiavel*. Grenoble: Éditions Jérôme Millon, 2006.

FACHARD, Denis. "L'esperienza del 1505", in MARCHAND, Jean-Jacques (org.). *Machiavelli senza I Medici* (1498-1512). Roma: Salerno Editrice, 2006.

_____. *Consulte e pratiche della Repubblica Fiorentina*. 1495-1497. Genève: Librairie Droz, 2002.

_____. (org.) *Consulte e pratiche della Repubblica Fiorentina*. 1498-1505. Genève: Librairie Droz, 1993, vol. 2.

_____. (ed.). *Consulte e pratiche*. 1505-1512. Genève: Librairie Droz, 1988.

FEDI, Francesca. "L'argomentare per paradossi nei *Discorsi*: una proposta di lettura", in FONTANA, Alessandro et al. (orgs.). *Langues et écritures de la republique et de la guerre*. Genova: Name, 2005.

FERREIRA, Bernardo. *O risco do Político*. Belo Horizonte: Editora UFMG, 2004.

FOURNEL, Jean-Louis; ZANCARINI, Jean-Claude. *Machiavel*. Une vie en guerres. Paris: Passés/Composés, 2020.

FRONTINUS, Julius S. "Strategemata", in *The Complete Works of Frontinus*. Hastings: Delphi Classics, 2015.

FUBINI, Riccardo. *Italia quattrocentesca*. Milano: Franco Angeli, 2007.

_____. "Il teatro del mondo nelle prospettive morali e storico-politiche di Poggio Bracciolini", in *Poggio Bracciolini nel VI centenario della nascita*. 1380-1980. Firenze: Sansoni, 1982.

GAILLE-NIKODIMOV, Marie. *Machiavel*. Paris: Tallandier, 2005.

GIANNOTTI, Donato. *Opere Politiche*. Milano: Marzorati Editore, 1974.

GILBERT, Felix. "Le idee politiche a Firenze al tempo di Savonarola e Soderini", in *Machiavelli e Il suo tempo*. Bolonha: Il Mulino, 1977, p. 67-114.

_____. *Machiavelli e Guicciardini*. Torino: Einaudi, 1970.

_____. *Machiavelli e il suo tempo*. Bologna: Il Mulino, 1964.

GRIFFITHS, Gordon.; HANKINS, James; THOMPSON, David *The Humanism of Leonardo Bruni*. Nova York: Center for Medieval and Early Renaissance Studies and The Renaissance Society of America, 1987.

GUICCIARDINI, Francesco. *Opere*. Torino: UTET, 1983.

_____. *Storia d'Italia*. Milão: Garzanti, 1988, vol. 3.

GUIDI, Andrea. *Books, People and Military Thought*. Machiavelli's Art of war and the Fortune of Militia in Sixteenth-Century Florence and Europe. Boston: Brill, 2020.

_____. *Un segretario militante*. Politica, diplomazia e armi nel Cancellieri Machiavelli. Bolonha: Il Mulino, 2009, p. 159-381.

_____. "L'esperienza di governo di Machiavelli e l'Ordinanza fiorentina", in MARCHAND, Jean-Jacques. (org.). *Machiavelli senza i Médici* (1498-1512). Roma: Salerno Editrice, 2006.

GUIMERET, Hervè. "L'art de la guerre et la question des armes propres", in GAILLE-NIKODIMOV, Marie; MÉNISSIER, Thierry. *Lectures de Machiavel*. Paris: Ellipses, 2006.

HANKINS, James. *Virtue Politics*. Soulcraft and Statecraft in Renaissance Italy. Cambridge: The Belknap Press of Harvard University Press, 2019.

HIBBERT, Christopher. *Ascenção e queda da casa dos Médici*. São Paulo: Companhia das Letras, 1993.

JURDJEVIC, Mark. *Guardians of Republicanism*: The Valori Family in the Florentine Renaissance. Oxford: Oxford University Press, 2008.
LARIVAILLE, Paul. "Confidenti machiavelliani. Nominati ed innominati tra i Primi ministtri di Cesare Borgia", in MARCHAND, Jean-Jacques. (org.). *Machiavelli senza i Médici*. Atti del Convegno di Losana. Roma: Salerno Editrice, 2006.
LEE, Alexander. *Machiavelli*. His Life and Times. London: Picador, 2021.
LEFORT, Claude. *Le travail de l'oeuvre Machiavel*. Paris: Gallimard, 1972.
LORAUX, Nicole. *A invenção de Atenas*. Rio de Janeiro: 34 Letras, 1994.
MALLETT, Michel. *Mercenaries and Their Masters*. Warfare in Renaissance Italy. Barnsley: Pen & Sword Books Ltd, 2009.
MANSFIELD, Harvey C. *Machiavelli's Effectual Truth*. Cambridge: Cambridge University Press, 2023.
MAQUIAVEL, Nicolau. *Opere*. Torino: Einaudi, 1999-2005, vol. 3.
_____. *Legazioni, Commissarie e scritti di governo*. Roma: Salerno Editrice, 2002-2011. vol. 7, Edizione Nazionale delle Opere.
_____. *Tutte le Opere*. Florença: Sansoni, 1971.
MARCHAND, Jean-Jaques. (org.). *Machiavelli senza i Médici (1498-1512)*. Atti del Convegno di Losana. Roma: Salerno Editrice, 2006.
_____. "Machiavelli e Madonna d'Imola: la narrazione dell'incontro diplomatico", in *Machiavelli senza i Médici (1498-1512)*. Atti del Convegno di Losana. Roma: Salerno, 2006, p. 183-193.
_____. "Premesse", in Maquiavel, Nicolau. *Legazioni, Commissarie, Scritti di Governo*. Tomo I (1498-1500). Roma: Salerno Editore, 2002.
MARTINES, Lauro. *Savonarola*. Moralità e Politica nella Firenze del quattrocento. Milano: Mondadori, 2008.
_____. *Abril sangrento*. Florença e o complô contra os Médici. Rio de Janeiro: Imago, 2003.
_____. *Power and imagination*. City-States in Renaissance Italy. Baltimore: The Johns Hopkins University Press, 1988.

MASCI, D. *La cancelleria della Repubblica fiorentina*. Firenze: Le Lettere, 1987.

MATTINGLY, Garrett. *Renaissance Diplomacy*. Nova York: Cosimo Classics, 2008.

PALMIERI, Matteo. *Vita Civile*. Firenze: Sansoni, 1982.

PANCERA, G. *Maquiavel entre repúblicas*. Belo Horizonte: Editora da UFMG, 2010.

PETRARCA, Francico. *La vie solitaire*. Paris: Payot & Rivage, 1999.

PIERI, Piero. *Il Rinascimento e la crisi militares italiana*. Torino: Einaudi, 1952.

PINTO, Fabrina M. Política, história e instituições republicanas no primeiro Quattrocento: a Florença de Leonardo Bruni. *Revista Maracanan*, v. 24, p. 593-614, 2020.

_____. A cidade ideal de Leonardo Bruni. *Revista Morus* (Unicamp), v. 10, p. 367-388, 2016.

_____. O elogio da cidade de Florença (Laudatio Florentinae Urbis), de Leonardo Bruni. *Revista Morus: Utopias e Renascimento*, v. 11, p. 243-335, 2016.

POCOCK, John G. A. *O momento maquiaveliano*. Niterói. EDUFF, 2021.

PROCACCI, Giuliano. *Machiavelli nella cultura europea dell'età moderna*. Roma-Bari: Editori Laterza, 1995.

RICHARDOT, Philippe. *Végèce et la culture militaire au Moyen Âge (Ve-xve siècles)* Paris: Economica, 1998.

RIDOLFI, Roberto. *Biografia de Nicolau Maquiavel*. São Paulo: Musa Editora, 1999.

_____. *Vita di Niccolo Machiavelli*. Roma: A Belardetti, 1954.

SASSO, Gennaro. *Machiavelli e gli antichi*. Milano: R. Ricciardi ed., 1987-1997, vol. 4.

_____. *Machiavelli*. Il Pensiero politico. Bologna: Il Mulino, 1993.

_____. *Machiavelli e Cesare Borgia*. Storia di un giudizio. Roma: Edizioni dell'Ateneo, 1966.

SAVONAROLA, Girolamo. *Prediche sopra Aggeo*. Roma: Angelo Belardetti, 1965.

SENELLART, Michel. *Les arts de gouverner*. Du regimen medieval au concept de gouvernement. Paris: Seuil, 1995.

SILVANO, Giovanni. *Vivere civile e governo misto a Firenze nel primo Cinquecento*. Bologna: Patron, 1985.

TAFURO, Antonio. *La formazione di Niccolò Machiavelli*. Napoli: Edizioni Libreria Dante e Descartes, 2004.

TALLETT, Frank. *War and Society in Early-Modern Europe, 1495-1715*. Londres; Nova York: Routledge, 1992.

TOMMASINI, Oreste. *La vita e gli scritti di Niccolo Machiavelli, nella loro relazione col machiavellismo*. Roma: E. Loescher, 1883-1911, vol. 3.

TREXLER, Richard. *Public Life in Renaissance Florence*. Ithaca: Cornell University Press, 1991.

TURNBULL, Stephen. *The Art of Renaissance Warfare*. Yorkshire: Frontline Books, 2018.

ULLMANN, Walter. *Principios de gobierno y politica en la Edad Media*. Madrid: Alianza Editorial, 1985.

VAROTTI, Carlo. "Une écriture fondée sur l`expérience", in GAILLE-NIKODIMOV, Marie; MENISSIER, Thierry. (org.). *Lectures de Machiavel*. Paris: Ellipses, 2006.

VEGETIUS, Flavius. Editado por M. D. Reeve. *Epitoma Rei Militaris*. Oxford: Oxford University Press, 2010.

VIROLI, Maurizio. *Il sorriso di Niccolò*. Storia di Machiavelli. Roma: Bari: Editori Laterza, 1998.

VITI, Paolo. (org.). *Leonardo Bruni Cancelliere della Republica di Firenze*. Firenze: Leo S. Olschki, 1990.

VIVANTI, Corrado. *Niccolò Machiavelli. I tempi della politica*. Roma: Donzelli Editore, 2008.

WITT, Ronald. *Hercules at the crossroads*: the life, works ant thought of Coluccio Salutati. Durham: Duke University Press, 1983.

ZANZI, Luigi. *Machiavelli e gli "Svizzeri."* Bellinzona: Edizioni Casagrande, 2009.

Este livro foi editado pela Bazar do Tempo em setembro de 2024, na cidade de São Sebastião do Rio de Janeiro, e impresso em papel Pólen Bold 70 g/m² pela gráfica Rotaplan. Ele foi composto com as tipografias Silva Text e Neue Plak.